老庄孙子 著

《庄子》里面的孔子

老庄孙子系列丛书之一

国学三议

山东人民出版社
国家一级出版社 全国百佳图书出版单位

图书在版编目（CIP）数据

国学三议 / 老庄孙子著. —— 济南：山东人民出版社，2016.7
　ISBN 978-7-209-09897-7

　Ⅰ. ①国… Ⅱ. ①老… Ⅲ. ①国学－通俗读物 Ⅳ. ①Z126-49

中国版本图书馆CIP数据核字(2016)第171045号

国学三议：《庄子》里面的孔子
老庄孙子　著

主管部门	山东出版传媒股份有限公司
出版发行	山东人民出版社
社　　址	济南市胜利大街39号
邮　　编	250001
电　　话	总编室 (0531) 82098914
	市场部 (0531) 82098027
网　　址	http://www.sd-book.com.cn
印　　装	肥城新华印刷有限公司
经　　销	新华书店
规　　格	32开 (145mm×210mm)
印　　张	4
字　　数	80千字
版　　次	2016年7月第1版
印　　次	2016年7月第1次
ISBN	978-7-209-09897-7
定　　价	99.00元（共三册）

如有印装质量问题，请与出版社总编室联系调换。

謹以此文祭念南师怀瑾先生

小　序

　　《四书五经》里主要体现的是孔子（儒学）积极入世、普世、人文的一面，而《庄子》里的孔子则更多体现了孔子其他特别是出世、求道、悟道的一面。我以倒叙方式，作此整理，秉承孔子笔法，述而不作，是褒是贬，春江冷暖，仁者见仁，智者见智。此中故事绝大多数是真实的，个别差错纯属庄子之误。所谓寓言，寓意于故事尔，一些故事有虚构成分。故，不参透《庄子》，则不知真孔子！

目　录

小　序 …………………………………………………………… 1

第一章　《庄子》杂篇中的孔子 ………………………………… 1
　　一、庄子评价孔子及孔学 ………………………………… 1
　　二、孔子与盗跖 …………………………………………… 6
　　三、子张与满苟得 ………………………………………… 12
　　四、孔子与渔父 …………………………………………… 15
　　五、颜阖论孔子 …………………………………………… 22
　　六、孔子论考察人 ………………………………………… 24
　　七、孔子及弟子 …………………………………………… 25
　　八、孔子与庄子、惠子及曾参 …………………………… 29
　　九、孔子与老莱子及儒士盗墓 …………………………… 30
　　十、孔子与大韬、伯常骞、希韦、长梧封人、子牢、
　　　　市南宜僚 ……………………………………………… 32
　　十一、孔子与孙叔敖、许由 ……………………………… 34
　　十二、孔学与徐无鬼 ……………………………………… 36

第二章　《庄子》外篇中的孔子············ 40

　　一、知北游 ·················· 40
　　二、田子方 ·················· 46
　　三、山木 ··················· 50
　　四、达生 ··················· 55
　　五、至乐 ··················· 58
　　六、秋水 ··················· 63
　　七、缮性 ··················· 65
　　八、刻意 ··················· 66
　　九、天运 ··················· 68
　　十、天道 ··················· 77
　　十一、天地 ·················· 79
　　十二、在宥 ·················· 84
　　十三、胠箧 ·················· 86
　　十四、马蹄 ·················· 88
　　十五、骈拇 ·················· 89

第三章　《庄子》内篇中的孔子············ 91

　　一、应帝王 ·················· 91
　　二、大宗师 ·················· 94
　　三、德充符 ·················· 98
　　四、人间世 ·················· 105
　　五、养生主 ·················· 114
　　六、齐物论 ·················· 115
　　七、逍遥游 ·················· 118

第一章
《庄子》杂篇中的孔子

一、庄子评价孔子及孔学

"天下"篇

天下篇是《庄子》一书最后一篇,也是总纲,他首先提出了"道术""方术"之说。所谓道术,是上古圣贤所实行的淳朴无为、随物任化的为政、管理之道,属王道。

而方术则是各宗各派,师心自用,各执一端,用以治世、管人的具体方式方法,是霸道,是权术。

随后评论了因道术(方术)不同的七种人:天人、神人、至人、圣人、君子、百官、民众。

接着对诸子百家,特别是儒、墨、名、道等七家学派进行了精准的点评,并为自己独树一派。

这里需要特别注意的是,庄子没有把儒家,准确地讲是孔子及孔学列入诸子百家中，而是将其作为诸子百家的统领。由孔子删、定、赞、修的《六经》在中华文明、文化史上是起着总汇、继承、传承、桥梁纽带、承上启下、中流砥柱作用的！

也正是站在这个角度，庄子才评价孔子是圣人（恰好在庄子所谓七种人正中间，并非最高褒奖），内圣外王，与古代圣贤一样，配神明、醇天地、育万物、和天下、泽及百姓、明于本数、系于末度、六通四辟、小大精粗、其运无所不在。

老庄孙子：在这里，《庄子》的圣人与后世之儒所谓的圣人是有大的差别的！后儒的圣主要以道德仁义特别是仁义礼智信而论，而庄子之圣还包括内在的修养尤其是修炼，不但有大德、大慈悲，更有大智慧、大神通，解脱、究竟、涅槃，是大乘的境界。

庄子说：天下之治方术者多矣！都以为自己好得不得了，无以复加矣！而远古之所谓道术者，到底在哪里？回答是"无所不在！"**老庄孙子**：孔子之后已没有道术只有方术！庄子还说"道在屎溺！"

庄子接着自问自答：那神、明由何而出又从何而降？圣人因何而生？明王缘何而成？回答是"皆原于一！"**老庄孙子**：孔子之吾道一以贯之；老子之天得一以清者。

接下来，庄子给七种人定义。

所谓天人，是不离于宗者。**老庄孙子**：天生与道为伍如六祖慧能、朱元璋等。

所谓神人，不离于精者。**老庄孙子**：精气神不外泄，抟气致柔"无漏""精之至、和之至",具大神通者。

所谓至人,不离于真者。**老庄孙子**:也称之为真人,黄帝、庄子、列子均多有论述。

所谓圣人,以天为宗,以德为本,以道为门,兆于变化者。**老庄孙子**:法天、法地、法道、法自然之人。

所谓君子,以仁为恩,以义为理,以礼为行,以乐为和,薰然慈仁者。**老庄孙子**:君子之德风。孔子说自己连君子的标准都不够。

所谓百官,以法为分,以名为表,以参为验,以稽为决,以壹贰叁肆之数为排列顺序而各司其职者。**老庄孙子**:为政、治国、理民。

所谓庶民,以耕织工商为常业,以衣食住行为主,繁衍生息,积蓄储藏,老弱病残、鳏寡孤独皆有所养。**老庄孙子**:百姓所最注重的!

用老子之语作评,就是"有道者,立天子,置三公,虽有拱璧以先驷马,不如坐进此道",释迦牟尼之"施若恒沙不若传经布道",这是对统治者形上的要求;让庶民"甘其食,美其服,安其居,乐其俗。虽有什伯之器无所用之,虽有甲兵无所陈之,不战而屈人之兵",这是一个领导者形下的职责。

接下来,庄子礼赞孔子等古之圣贤完备的道德水平是"配神明,醇天地,育万物,和天下,泽及百姓,明于本数,系于末度"。通于六合以遨游,法于四时而因任变化。小、大、精、粗,其运化无所不在。**老庄孙子**:形而上者谓之道,是对宇宙万物众生之根本的质的描述;形而下者谓之器,数、度、小、

《庄子》里面的孔子

大、精、粗等等，是对万事万物具体现象的量的表达。大而无外，小而无内，介子纳须弥，须弥纳介子，放之则弥四海，卷之则退藏于密。既哲学，又科学，科学中的哲学，哲学中的科学！霍金的《大设计》可作一解。

庄子接着说，上述这些古之圣贤们的所作所为以及世俗民风，在历代的典籍法度中都有明确的不少的记载。譬如，有很多记录在《诗》《书》《礼》《乐》中，邹鲁之士、搢绅先生多能明之。**老庄孙子**：绅士的出处。孔子是邹人之子，邹地尼山的一个山洞是他的出生地，现山东邹县境内，曲阜东南。

庄子评论"六经"：《诗》以道志；《书》以道事；《礼》以道行；《乐》以道和；《易》以道阴阳；《春秋》以道名分。**老庄孙子**：庄子为何把《春秋》置于最后？

因为王道的衰微、周朝的没落、老子的归隐、孔子的传播等等原因才使得这些典籍流散于天下诸侯各国，经常被诸子百家所称道。

随后，更是天下大乱、圣贤不出、道德不一，后学大都各执一端、一叶、一管而自以为是、师心自用、攻人之非、诘人之短。百家众技就像耳、目、口、舌、鼻，均各有功用，皆有所长，不能相互替代。但却都是以偏概全，一叶障目不见泰山，井底之蛙只能见得一线天，你是我非，论争不休，众说纷纭。都想判别天地之美、明晰万物之理、观察古人之全，可惜的是，没有一个能完备天地之大美，洞彻万物之妙理者。

因此，内圣外王之道，暗而不明，郁而不发，天下之人

都以一己之欲、之好、之想而成其一孔之见、之方、之数。悲夫！自此诸子百家各执一端、迷而不返、黄鹤一去、泥牛入海，再也没有统合归一那一天了！后世之学，也不会再有幸一见天地至纯之道，人类至真之理。

所谓的古之道术也被天下后生们割裂殆尽，方术横行，还有不学无术等等妖魔鬼怪、牛鬼蛇神、魑魅魍魉，纷纷扬扬，你方唱罢我登场，乱莫大焉，情何以堪！**老庄孙子：道术、方术、内圣外王的出处**。特别是"内圣外王"这块耀眼的金牌愣是被后世儒们生生地贴在儒家的脸上用以欺世盗名，用子贡的话讲"真是见过无耻的没见过这么无耻的！"在庄子眼里孔子是圣人也称得上"内圣外王"，但这仅限于孔子！其他后儒都一概莫论。《诗》《书》《礼》《乐》《易》《春秋》里确实记载着包含人间至真至纯的道理。但一定要注意！孔子是删、定、赞、修此《六经》！一者，这六经是否承载宇宙万物人文众生道理的全部？庄子只是说在"旧法世传之史上多有之"，绝不是全部！又说只是其中之一部分记录在《诗》《书》《礼》《乐》中，还说邹鲁、绅士"多能明之"，并没说全都明之！但《老子》《庄子》《列子》《山海经》《黄帝内经》《阴符经》等书中就有极丰富珍贵的史料！不说年龄阅历，单说掌握史料，孔子与老子就没有可比性。

其二，孔子的"删、定、赞、修"是否能把天理、人道精准全面地表达出来？譬如《易经》，他说是"洁净精微"，你可知，这只是说的《周易》，还有《连山》《归藏》，更

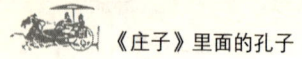《庄子》里面的孔子

何况孔子只是在"人文"方面"参赞"的。

还有《诗经》，从他所搜集掌握的三千多首，删成三百首，是以"仁义"为指导思想删的。

至于《礼》，孔子是"祖述尧舜，宪章文武"，而《礼》确切讲是周公之礼。

还有《春秋》，他自己说"知我者春秋，罪我者春秋"，什么意思？如果是老庄孙子说应是"知孔者《周易》，罪孔者《周易》！"

就是这样的孔学，也是四分五裂，八脉尽枝叶，没有正传真传！不仅仅他自己悲鸣，庄子也为他慨叹悲哀。无怪乎傅佩荣先生说：孔子这"六经"，却也很不幸地让后代学者无法见到天地大道之全貌和古圣先贤大德妙理之究竟。悲夫！

二、孔子与盗跖

"盗跖"篇

在这里，盗跖（春秋末期的江洋大盗）把孔子批得体无完肤，淋漓尽致以至于执辔三失，目茫然无所见，色若死灰，据轼低头，不能喘息，自谓：无病自灸，撩虎头、编虎须，几入虎口。老庄孙子：为了与"天下"篇有鲜明对比，刻意将"盗跖"篇放于此。

习近平总书记在2016年5月17日中央召开的"哲学社

会科学工作座谈会"上强调：所谓道路自信、理论自信，说到底是文化自信！只有文化自信才更基本、更深沉、更持久！历史和现实一再证明，一个抛弃或背叛自己历史文化的民族不仅不可能发展起来而且很可能上演一场历史悲剧！还引用了一段《庄子》"人间世"篇中孔子教化颜回的话："夫道不欲杂，杂则多，多则扰，扰则忧，忧而不救。"

盗跖是柳下惠的弟弟，孔子是柳下惠的好友。盗跖手下有强盗9000余人，横行天下，侵暴诸侯，强取豪夺，欺男霸女，贪得无厌，六亲不认，不祭先祖。所过之地，大国闭城，小国难守，祸国殃民，生灵涂炭。

孔子想去说服他，被柳下惠劝阻：盗跖为人，心劲儿很高，意气用事，不听父诏，不受兄教，强悍无敌，辩能饰非，顺我者昌，逆我者亡。先生您那点水平，奈何不了他，反而会自取侮辱，还是别去的好。**老庄孙子**：盗跖即柳下跖、字展雄，鲁孝公之后，春秋战国之际，公元前475年左右。孔子见盗跖是可能的。孔子晚年事。

孔子不听，执意前往。颜回驾车，子贡陪同。此时，正值盗跖在泰山南麓休息，悠然地喝着小酒就着人肝。孔子请守门人通报：鲁国人孔丘，久闻将军大名，前来拜谒。

盗跖听后大怒，目眦尽裂，头发上指：这个匹夫！是不是就是鲁国那个以巧伪乱人的孔丘？你告诉他，作言造语，祖述尧舜，妄称文武，头戴高枝，扎死牛皮腰带（冠冕堂皇），多辞缪论，不耕而食，不织而衣，四体不勤，五谷不分，到处摇唇鼓舌，擅生是非，迷惑天下君主，使天下学士执迷不悟，妄作考弟，沽名钓誉，以邀封侯富贵。他罪大恶极！让他马上滚！不然，我就掏他的心，挖他的肝做下酒菜！

孔子不灰心，还是要求面谒盗跖，告诉传令人：我和他哥哥是好友，希望帐下面谈。

盗跖无奈：那就让他进来吧！

孔子亦步亦趋，谦卑之极，再拜盗跖。盗跖怒不可遏，两腿伸展（不合大礼），按剑怒目，声如猛虎，吼到：你过来！你要是说得顺耳，我就放你一马，不然，让你死无葬身之地！

孔子：我听说，世上有三种品德：身材高大、美好无双，老少贵贱都喜欢，这是上德；智能超群、知识广博、无所不辨，这是中德；勇悍果敢、聚众率兵、天下无敌，这是下德。一般人有其中一德，就可以南面称孤，而将军您三德全备，身高两米、面色红润、唇如朱砂、齿若齐贝、声音洪亮，而人们却称你为盗跖，我为将军不耻。将军若能听从我的规劝，让我替你出使吴越、齐鲁、宋卫、晋楚，为将军建城数百里，百姓数十万户，尊将军为诸侯王，号令天下、罢兵休卒、将养至亲、祭祀祖先。这是圣人的行为，也是天下人的愿望。

老庄孙子：真能忽悠！

盗跖听后更加愤怒，大叫：孔丘！我告诉你！凡是可以用利禄言语规劝引诱人的，都只配作愚陋小人而已。我高大美好，是父母所赐，还用你说吗？我听说：好当面奉承人的，也好背后诋毁人。**老庄孙子**：孔子就是这样对待晏子的。

你想用大城众民来诱惑我，想让我作顺民，那是不可能的！城市再大没有大过天下的。尧舜有天下，而他们的子孙却无立锥之地。

汤、武贵为天子，而他们的后代却早已灭绝了！这是因为他们贪得无厌的缘故。而且我还听说，古时候禽兽多而人少，因而人们都在树上搭巢居住以躲避禽兽伤害。白天拾橡子，夜晚栖息于树上，所以称他们为有巢氏之民。**老庄孙子：天啊！天理何在？孰是孰非？**

远古时候人民不知穿衣，夏天多积存些木柴，用于冬天烤火取暖，所以叫他们"知生之民"。**老庄孙子：燧人氏。**

神农时代，人们卧则安然恬静，起则舒适自得，只知道自己的母亲，不知自己的父亲，与麋鹿共同生活，农耕而食，纺织而衣，没有互相伤害之心，这是道德极盛的时代。**老庄孙子：母系氏族。神农在《史记》里只挂了个名。**

黄帝主政，德行渐衰，与蚩尤大战于涿鹿郊外，血流百里。**老庄孙子：距今五千年左右，炎黄子孙。今张家口市涿鹿县。**

尧舜时代，开始设置百官，用以管治天下。**老庄孙子：司马迁分类夏朝自禹始。**

商汤放逐了他的君主。**老庄孙子：商朝。**

武王杀死殷纣王……从此以后，强大凌辱弱小，恃众强暴寡少，穷兵黩武，弱肉强食。汤武以后的君王都是些祸害百姓的主。

现在你号称继承文王、武王之道，掌握天下辩术，用来迷惑后世；你宽衣浅带、矫言伪行、假仁假义，以此来迷惑天下君主，从而想要求得富贵，你才是天下最大的盗贼，为什么不称你为"盗丘"反而叫我"盗跖"？

你用甜言蜜语说服子路，让他跟从你，你让子路除去勇武的高冠，解下他所佩的长剑，接受你的教诲，天下都说你孔丘能止暴禁非。到最后，子路欲杀卫君而没有成功，自身却被剁成肉酱挂在卫国东边的城门上。你使子路遭受如此患祸，上无以保身，下不足以为人，这是你的说教不成功！

你自以为是才士圣人吗？可是你两次被逐出鲁国，在卫国被人铲掉足迹而禁止居留，在齐国走投无路，还被困厄在陈国、蔡国，天下没有你容身之地，自身都难保，你所谓的"道"还有什么可贵的呢？**老庄孙子**：孔子慨叹"道之不行，乘桴浮于海"。孔子一生也没改变得了子路！江山好改禀性难移啊！极珍贵的史料。**老庄孙子**：德荡乎名，智出乎争。

世人所推崇的，莫过于黄帝，黄帝尚且不能德行完备无缺，他征战涿鹿郊野，血流百里。尧不慈，舜不孝，大禹半身不遂，汤流放其君主，武王讨伐纣王，文王被拘禁于羑里，这六位，都是世上所推崇的圣人。但仔细论之，他们都因"名利"而迷失了自己的根本，强行违反其自然性情，他们的行为极其可耻。**老庄孙子**：德荡乎名，智出乎争。

世上所说的贤士，莫过于伯夷、叔齐。伯夷、叔齐辞让了孤竹国的君位而饿死在首阳山上，骨肉尸体得不到埋葬；鲍焦行为刚正，非议世俗，却抱着树木枯死；申徒狄进谏不被采纳，负石自投于河，成为鱼鳖的食饵；介子推最忠诚，割下自己腿上的肉给逃亡19年几乎饿死的晋文公吃，晋文公后来背弃他，子推愤怒背母离去，被晋文公活活烧死在绵山里。**老庄孙子**：此山因而得名介山，在山西太原。

尾生与女朋友相约在桥下会面，女朋友没来河水涨上来他不走，抱着桥柱被生生淹死。

上面这六个人，跟被宰杀肢解的狗、被沉河的猪（祭祀用的，天地不仁以万物为刍狗）和执瓢乞讨的人没什么不同，重名利而轻死亡，都是不顾念生命之根本的人。**老庄孙子**：生命诚可贵。

世上所说的忠臣，没有能比得上王子比干和伍子胥的。伍子胥被抛尸沉江，比干被剖心。这二人是世人所说的忠臣，然而到最后却被天下人耻笑。这样的人也都不足为贵。

你说服我的那些道理，如果是关于鬼的事，那我不懂，如果是关于人的事，不过如此罢了，都是些我所知了的事。

现在我告诉你一般的常识，目要视色，耳要听声，口要尝味，志气在追求满足。人生上寿为一百岁，中寿为八十岁，下寿为六十岁，除去疾病、死丧、忧患外，其中开口而笑的时候，一月之中不过四五日而已。**老庄孙子**：25%，吉、凶、悔、吝。

天与地无穷无尽，而人的生死是有时限的，以有限的生命托付于无穷无尽的天地，其消逝之快有如白驹过隙。**老庄孙子**：人生也有涯，而知也无涯，以有涯随无涯，殆矣！已而为智者，殆而已矣！无常。

不能愉悦其心志，不能颐养其天年者，都不是达道的人。

你的那些话，都是我所唾弃的，不要再说了！你的这

《庄子》里面的孔子

套说教，投机钻营、巧诈虚伪，并不能保全真性，哪里值得一论？

孔子拜了两拜急忙快跑，出门上车，急不择路、落荒而逃、失魂落魄，累累若丧家之犬。

三、子张与满苟得

也是"盗跖"篇

子张是孔子重要弟子。满苟得是人名，可理解为苟且贪得以满足其私欲者。**老庄孙子**：因为很重要，所以独立成篇。

子张问满苟得：你为什么不修德行？人没有德行就没有信义，没有信义就不会被重用，不被重用就没有利禄。所以从"名"来看、从"利"来算，仁义才是真正最重要的。就算是抛弃名利反省内心，那士大夫也不可能一天不修仁义呀！**老庄孙子**：仁义是用来获取名利的手段。

满苟得：无耻不择手段的人才能富有，善夸耀投机奸诈的人才能显贵。那些名利最大的人，几乎都出于无耻而矜夸（如希特勒）。所以从名来看，从利来算，虚言苟得才是真正最重要的。如果抛弃名利，反省内心，那么士大夫的行为也只有抱守自然本性了。**老庄孙子**：满苟得高子张一头。妙不可言！孔子曰：君子固穷。马基雅维里《君王论》。

子张：昔日桀纣贵为天子，富有天下，今天对地位卑贱的奴仆说，你的品行像桀纣，他就会面有忧色，心有余悸。

12

就连地位卑贱的小人物都瞧不起桀纣,何况君子呢!**老庄孙子**:子贡的观点,桀纣没有人们说得那么坏。

孔子、墨子是穷困的平民,现在如果对宰相说,你的品行如孔子、墨子,他就会很高兴,并客气地说自己还远远不够。**老庄孙子**:儒、墨在春秋末期就已成为显学。

所以士大夫一定要注重自己的品行。故而,势大为天子,未必就尊贵;穷困为普通平民,未必就卑贱。尊贵与卑贱的分别,在于其品行上"恶"与"美"。

满苟得:小强盗被拘捕,大强盗摇身变成诸侯,诸侯门下存有"道义"!**老庄孙子**:窃珠者诛,窃国者为诸侯,诸侯门下仁义存焉。诛者,杀也!

从前齐桓公小白杀兄娶嫂,而管仲却做了他的重臣;田成子常杀君窃国,而孔子却接受了他赠送的币帛。

评论起来认为其卑贱,行动起来又不免那样去做,这就是言行不一,嘴上所说与行为所做在内心对抗,这岂不矛盾?**老庄孙子**:婊子与牌坊。

所以《尚书》上说:谁恶谁美?成功的人就成为尊贵之首,失败的人就成为卑贱之尾。**老庄孙子**:成者为王败者寇。不如齐一、等是非、泯恩仇。涸泽之鱼,相濡以沫,不若相忘于江湖。李斯之死,黄门犬儿。

子张说:你不修品行,将会亲疏没有伦常,贵贱没有准则,长幼没有顺序,人伦关系的"五纪六位"将怎样区别?**老庄孙子**:五纪,岁、日、月、星辰、历数;六位,君、臣、父、子、夫、妇。

满苟得：尧杀害了自己的长子，舜流放了同母胞弟，亲疏有伦常吗？

汤流放了桀，武王杀了纣，贵贱有常义准则吗？

王季不是嫡亲长子却继承了王位，周公杀死他的兄长，长幼有顺序吗？**老庄孙子**：周公诛管叔，流放蔡叔。

儒家言辞虚伪，墨家主张兼爱，这样人伦关系的"五纪六位"就会有区别吗？

而且你正在追求名，我正在追求利。名与利的实质，都不顺理明道。以前在无约（人名）面前我与你争论说：小人为财而牺牲，君子为名而殉葬，小人与君子所以改变真情、更易本性的原因虽然不同，但在舍弃生命、为不当追求的东西而丧命这方面，则是"一致的"。

所以说，不做小人逐利，反求自己本性（回光返照观自在）；不做君子求名，顺从自然的道理（道法自然观世音）。是曲是直，听任自然；观照四方，顺随时序变化，或是或非，执守圆环变化的中枢（允执厥中），独自达成自己的本意，与道共游，不要固执己为，不要推行什么正义准则，那样将会丧失自己的真性；不要奔赴什么富贵，不要为所谓成功而牺牲，那样将会舍弃自己的自然天性。**老庄孙子**：适可而止。把握中枢，圆融无碍。

比干被剖心而死，伍子胥被挖眼，这都是"忠"之过；直躬证实父亲偷羊，尾生为女朋友而被河水淹死，这都是"信"之过；鲍子抱树干而死，申子受谗言之害却不申辩宁愿投河而死，这都是"廉"之过；孔子周游列国其母（妻）临终都未能见到他，匡子劝谏其父不成终生不见父亲，这都是"义"之过。

作为士大夫自以为语言要正直，行动也必定要那样做，明知不可而为之，所以才遭受这样的灾殃，遇到这样的祸患。

老庄孙子：过犹不及。老子说，道德沦丧，不得已而仁义礼智，礼者，忠信之薄而乱之首。所以要绝圣弃智，绝仁弃义。仁者人为，人为则伪，伪则乱生。

四、孔子与渔父

"渔父"篇

渔父是位得道隐士，孔子一向很敬畏这类人并深受其影响。二人不期相遇，渔父便对孔子的所作所为以及所主张的仁义礼智信等儒家思想进行了全面批判。

有一天孔子出游来到一片原始森林，坐在杏坛上休息。周边是湖泊河流，秋高气爽，云淡天蓝。弟子们读书，孔子弹琴吟唱。曲未近半，有一渔翁撑船而来，眉须皆白，长发披肩，衣袖高扬，溯流而上，靠陆而停，左手按膝，右手托着下巴，听孔子弹唱。

一曲终了，渔父扬手召唤子贡、子路：嗨！小伙子！

两个人一起走到渔父面前。

渔父指着孔子说：他是干什么的？

子路：是鲁国的君子。

渔父问他的族姓。子路：姓孔。**老庄孙子**：其实姓子。

渔父又问：姓孔的这个人他有什么专长？

子路没应声，子贡回答：孔氏这人，性守忠信，实行仁义，修饰礼乐，顺理人伦，对上效忠于君主，对下施教于平民，他以这种作为造福于天下。这就是他所致力的事业。

渔父问：孔氏是拥有国土的君主吗？

子贡：不是。

又问：那么他是王侯的辅佐之臣吗？

子贡：不是。

渔父笑了笑，掉转船头，边走边自言自语：说仁就算仁吧，我看他恐怕避免不了自身的祸患。苦其心志、劳其筋骨、饿其体肤来伤害心性和本真，唉，他与大道背离得太远太远啦！

子贡回来把这件事报告给孔子，孔子推开琴急忙站起来说：这是位圣明之人吧！

于是疾步走下杏坛来追渔父。跑到岸边，喊道：先生，请留步。

渔父正操桨划船，回头看见了孔子，于是停船转过身来，孔子退后几步对渔父拜了又拜，然后走上前。

渔父：你找我有什么事吗？

孔子：刚才先生的话好像没说完，我愚钝，不能理解其中深意，所以想亲耳聆听先生的教诲。

渔父：嘻！你真是太好学了。

孔子又一次揖拜：我自幼开始研修学问，现在已经69

岁了，至今未闻至道，怎敢不虚心请教。**老庄孙子**：子曰"朝闻道，夕死可也"。

渔父：物以类聚、人以群分、声以同应、志同道合，这是自然之理。我愿意告诉你我的看法，助你一臂之力。

你干的是人事。天子、诸侯、士大夫、庶民，这四种人若能各居其位、各谋其政、恪尽职守，则会出现治世最美好的境界。这四种人如果不在其位、不谋其政、不尽职守，则会造成大的祸乱。**老庄孙子**：关键是怎样立天子、置三公、选百官。见"天下"篇，下面也有。

所以田园荒芜、房屋破露、衣食不足、征赋不缴、妻妾不和、长幼无序，这是庶人的忧虑。

能力不足以胜任，官事处理不好，行为不清不白，属下荒疏懒怠，没有功名，爵禄不保，这是士大夫的忧虑。**老庄孙子**：部长们。

朝无忠臣，国家昏乱，工艺不精，贡品不美，朝野无序，不合天意，这是诸侯的忧虑。**老庄孙子**：省长们。

阴阳不和，寒暑不时，伤农害物，诸侯暴乱，擅自攻伐，残杀百姓，礼崩乐坏，财用匮乏，人伦无序，天下淫乱，这是天子的忧虑。

而你在上没有君权，在下没有臣职，却擅自修饰什么礼乐，排什么人伦来教化天下，这岂不是太多事了吗？**老庄孙子**：孔子自己曾说"不在其位，不谋其政"，还说"礼乐征伐自天子出""名不正则言不顺""非天子，不制度、不议礼、不考文"等等。失了大礼。

而且，人有八种毛病，事有四种祸患，不能不明察清楚。

所谓八疵：

不是自己分内的事硬要去做，这叫"篡"。

没人理会还要喋喋不休，花言巧语，这叫"佞"。

迎合他人的心意，顺情说好话，这叫"谄"。

不管是非，一味巴结奉承，这叫"谀"。

喜欢议论他人的缺点，背地里讲他人坏话，这叫"谗"。

离间朋友，挑拨亲人关系，这叫"贼"。

虚伪狡诈称誉或败坏他人，这叫"慝"。

不论善恶，好坏不分，擅变嘴脸以此来达到个人目的，这叫"险"。**老庄孙子**：此八疵孔子全具备！

有这八种毛病的人，对外会迷乱他人，对内则会伤害自己的身心，所以君子不与这样的人交朋友（孔子之益友损友），圣明的君主也不以这样的人为臣。**老庄孙子**：孔子一生知音极少，为人臣也仅百日新政。

所谓四患：

喜欢办理大事，随意改变伦常，以此邀功图名，这叫"叨"。

老庄孙子：孔子诛少正茂。

自持聪明，擅自行事，侵害他人，刚愎自用，这叫"贪"。

老庄孙子：孔子堕三都。

知错不改，变本加厉，这叫"拗"。**老庄孙子**：孔子之明知不可而为之。

他人的意见如果与自己相同就认可，如果与自己不一致，意见再好也不行，这叫"矜"。**老庄孙子**：孔子坚持"礼义"

至上。

能去掉上述八种毛病，不做四患之事的人，方可接受指教。

孔子面沉如水，深长叹息，逐一反省，再次拜揖说：我两次被逐出鲁国，在卫国被铲削所有足迹禁止居留，在宋国受到伐树之辱，在陈、蔡之间受到围困。我不知道自己有什么过失，而遭此四祸？**老庄孙子**：确实没悟。

渔父凄然一笑：你真是太难醒悟了！给你讲个故事，有个人害怕自己的影子，憎恶自己的脚印，于是想逃避开而快跑，然而，跑得越快步子就愈多，脚印自然也愈多。不管跑得多快，影子始终不离其身。自己还痴迷不悟仍以为逃得慢了，于是不停地加快步伐，最后力尽而死。他不知道待在阴暗处就会使影子消失，处于静止状态自然就不会有脚印。真是愚蠢之极！**老庄孙子**：一阴一阳之谓道。一阴不生，孤阳不长。致虚极，守静笃。追逐外物而不内省。

你专注于仁义之间，辨析物事异同的分别，察看物事运动变化的动静，权衡取舍的尺度，疏通好恶的情感，谐调喜怒的节度，而你自己却几乎不免于祸。

你如果谨慎修养身心，小心保全自己的本真，使身外的物事与人事各归于自然，那也就不会受到什么累害了。你修身不求己却反求他人，失本逐末，这岂不是太外道了吗？**老庄孙子**：孔子曾说，古之学者为己，今之学者为人。

孔子满脸悲伤，问道：请问什么是本真呢？

渔父：本真就是精诚的极致（天行健，君子以至诚不

《庄子》里面的孔子

息），不精不诚就不能感动人。**老庄孙子**：孔子赞《易》受此影响，《中庸》亦是。

所以，勉强哭泣的人外表虽悲痛，内心却不哀伤。

勉强发怒的人，表面虽严厉，实际却没有威势。

勉强表示亲热的人，虽满脸堆笑，却不能让人感到和悦。

真正的悲痛没有声音却让人感到哀伤。

真正的愤怒没有发作就已威严。

真正的亲热，没有笑容也会让人感到和悦。

本真存在于内心，神采才会飞扬于外表，这就是所以贵真的道理。**老庄孙子**：相由心生。

把这个道理运用于人伦关系：

对待双亲就会孝敬奉养。

对待君主就会竭尽忠贞。

饮酒就会畅怀欢乐。

处丧就会悲痛哀伤。

忠贞的主要目的在于建立功业。

饮酒的主要目的在于寻求快乐。

处丧的主要目的在于致以哀悼。

侍奉双亲的主要目的在于使他们适意。

功业在于完满美好，因而不必非要拘泥于具体的途径。

侍奉双亲在于使他们适意，因而不必考虑用什么样的方法。

饮酒在于畅怀快乐因而不必挑选所使用的器具。

处丧在于致以哀悼，因而不必讲究什么礼仪。**老庄孙子**：

孔子之与其易也，宁戚。

所谓礼仪，是世俗之人的行为。

所谓本真，因为它禀受于自然，因而也就自然不可改变。

所以圣人效法自然、重视本真，从而不拘泥于世俗。愚昧的人与此相反，不能效法自然而顾念于人，不知重视本真。

庸庸碌碌受制于世俗的沉浮流变，所以总不能满足。

可惜呀！你过早地沉溺于世俗的虚伪，而听闻大道又何其晚也。**老庄孙子**：乾，至诚无息；坤，厚德载物。

孔子再一次施礼：今天我孔丘能够遇到先生，好似上天的宠幸，先生把我当作弟子一样看待并不以为耻，而且亲自教导我，敢问先生家住哪里？我愿追随先生受教于门下，从而最终参悟大道。**老庄孙子**：精诚所至。

渔父：我听说，能够迷途知返的人，可以跟他讲道，直至体悟玄妙的大道；不能迷途知返的人，不会懂得大道，所以要谨慎小心，不与他交往，这样自身才不会有过失。你好自为之吧！我走了，我走了！于是撑船离开，沿着苇间的水路缓缓而去。**老庄孙子**：可叹！孔子已69岁！依然不可教。公元前483年。

颜回调转马车，子路把拉着上车的绳索递给孔子，孔子头也不回凝望着渔父远去的方向，恋恋不舍，直到水波平静，再也听不到船桨划水的声音，才缓慢登上车子。

子路在车旁问道：我作为先生的弟子并追随左右已经很久了，还从未看见先生对人如此尊敬。万乘之国的君主，千乘之国的侯王见到先生都要施礼，平起平坐，即便如此，先生还时有高傲的神态,今天渔父拄着船桨与您对面而站,先生却像石磬一样弯腰鞠躬,每每说话时,先拜再回应,这不太过分了吗?弟子们都奇怪,一个捕鱼的人怎么值得您如此厚待呢?

孔子扶着车轼感叹道:子路啊!你真是难以教化呀,学习礼仪也有很长一段时间了,可愚昧粗野之心到今天也没能去除掉。**老庄孙子**:都什么时候了,还痴迷于礼仪?

过来,我告诉你!见到长辈不恭敬,就是失礼;见到贤明之人不尊敬,就是不仁。你不是至圣之人所以不能谦下。对人谦下不至精至诚,就不能保持本真,所以常常伤己伤人。可惜啊,人生大患莫过于不仁,而你却偏偏如此。况且大道是万物产生的根源,各种物类失去它就会死亡,获得它就能生存,做事如果违逆它就会失败,如果顺应他就能成功。所以道之所在,圣人也要尊崇它。如今渔父对于大道,可以说已有体悟了,我敢不尊敬他吗?**老庄孙子**:所以孔子慨叹"朝闻道,夕死可也"。此时,孔子是知"道"的。

五、颜阖论孔子

"列御寇"篇

鲁哀公曾问颜阖:我以孔子为国家栋梁,是不是就可以治理好国家呢?

颜阖说:那样的话国家就更加危险了。孔仲尼喜欢粉饰雕琢，擅长华丽文辞，以枝节为主旨，钝心忍性，矫饰性情，夸示于人却不知道自己不信实。以这样的作为，内受于心，主宰精神，他能够居于人民之上管理人民吗？他对于你合适吗？他能顺养人民吗？所以，你想以孔仲尼为国家栋梁的想法肯定是错误的。现在如果使人民背离朴实而学习虚伪，这不是教示人民的好方法。为后世考虑，如果不打消重用孔仲尼的念头，国家将难以治理。**老庄孙子：**孔子、墨子连贵己都做不到，更谈不上爱己，所以也就不能托付天下于他们。老子说：贵以身者则可以寄天下，爱以身者则可以托天下。鲁哀公还说孔子与他是朋友关系而非君臣关系。

"让王"篇中也有关于颜阖的记载。

鲁哀公听说颜阖是得道之人，就派人先送些钱财致意。颜阖住在陋巷里，穿着粗布破衣服，正在喂牛。鲁君之使者至，颜阖亲自接待。

使者：请问，这是颜阖的家吗？

颜阖：是的。

使者把钱送上，

颜阖：恐怕你听错了吧，还是慎重些好，您回去再问问弄清楚再来。

使者觉得有道理，就回去细问，弄清楚后，又来到颜阖家，颜阖已不知去向。

因此，庄子评论：颜阖者，真恶富贵之人也！所以，古人云："道之真以治身，其绪余以为国家，其土苴以治天下。"

由此观之，帝王之功，圣人之余事也，非所以完身养生也。今世俗之君子，多危身弃生以殉物，岂不悲哉！凡圣人之动作也，必察其所以之与其所以为。今且有人于此，以随侯之珠，弹千仞之雀，世必笑之。是何也？则其所用者重而所要者轻也。夫生者，岂特随侯之重哉？**老庄孙子**：生命诚可贵。自由飞翔。庄子还说"尘垢秕糠犹能陶铸尧舜者也"，当然是以道莅天下者。

六、孔子论考察人

仍然是"列御寇"篇

孔子说：人心险于山川，难知如天。天还有春夏秋冬昼夜之分，而人往往面相厚道却心机深藏。

所以人有貌似厚道而内心骄肆者；有貌似长者而满腹男盗女娼者；有表面看似圆滑却内心直厚者；有看似坚强却内心怯懦者；有外表看似柔顺却内心强悍者。

所以，人们奔赴"义"急如饥渴，抛弃"义"也急如避火。

因此，考察一个人：

一是外放以观察他是否忠贞。

二是留他在近身使用，以观察他是否恭敬。**老庄孙子**：亲近，世上唯女子与小人为难养也，近之则不逊远之则怨。其实世上除女人外剩下 90% 以上的男人都是小人（庶民）。

三是让他处理复杂繁乱的事情以观察他是否有能力。

四是向他突然提出难题以观察他是否有智慧。

五是给他期限紧迫的任务以观察他是否守信。

六是将钱财委托给他以观察他是否清廉。**老庄孙子**：管仲、陈平。

七是把危难之事告诉他以观察他是否持守节操。

八是让他醉酒以观察他的行为仪态。

九是让他杂处于美女之中以观察他是否好色。

以上九项一一验证，那不肖的人也就看得出来了。**老庄孙子**：在这里孔子批评了义，重点谈仁，而孟子则重点讲义，说明世道日衰。孔子曰：未见好德如好色者也。

正考父是孔子七世祖先，在宋国第一次被任命为"士"时，逢人就点头谦恭；第二次被任命为大夫时，就一直弯着腰；第三次被任命为卿相时，几乎是俯身沿墙走路。如此躬行，谁还敢不轨？**老庄孙子**：合于老子谦下之道。

庄子评论：如果是凡夫俗子，第一次被任命就狂妄自大，第二次被任命则在车上手舞足蹈，第三次被任命时则会直呼长上名字。如此这般，有谁还会效法唐尧、许由的谦让情怀呢？

七、孔子及弟子

"让王"篇

原宪、子路、子贡、曾子、颜回都是孔子的高徒。在此章中可以考证颜回家境并不是特别困难,只是不懂养生,病死的可能性极大。**老庄孙子**:中国土地革命时,50亩地就被定为地主。

孔子被困于陈国、蔡国之间(孔子66岁左右,公元前486年),7天没能生火做饭,吃野菜啃树皮,米无一粒,火无一盆,面呈菜色,疲惫不堪。即便如此,孔子依然在弹琴吟唱。

颜回到外面采摘野菜,子路和子贡在私下议论:先生两次被逐出鲁国,在卫国被铲削掉所有足迹而禁止居留,在宋国受到伐树的屈辱,在商、周之地弄得走投无路,现又围困在陈、蔡,要杀先生的人无罪,凌辱先生的人不能得到禁止。君子之无耻莫过于此。

颜回听到后告诉了孔子(打了一次小报告),孔子推开琴慨叹道:子路、子贡,浅薄小人哪!把他们叫来,我有话要说。**老庄孙子**:子路陪孔子40年,子贡是孔子流浪14年的最大经济来源,为孔子守墓6年,孔子死后首席弟子。

子路和子贡进来。

子路抢先道:我们现在已经是走投无路了!

孔子:这是什么话!君子通达于道叫作通,不能通达于道才叫走投无路。如今我孔丘怀抱仁义之道而遭逢乱世之患,这怎么是走投无路?**老庄孙子**:此时孔子还未悟道。

所以,反省内心而无愧疚于道,面临危难而不丧失于德。岁寒然后知松柏之后凋也。陈、蔡之困厄对我来说,说不定还是幸事呢!

于是孔子继续安详地抚琴吟歌，子路奋然执戈起舞，子贡愧悔不及凄然道：我真是不知天高地厚呀！**老庄孙子**：天无不覆，地无不载。老子说三皇五帝无耻之极，见"天运"章。

有一天，孔子对颜回说：颜回，你家贫位卑，为什么不去做官呢？

颜回：不愿做官。我城外有田五十亩，耕种以足食；城内有田四十亩，种麻养蚕以足衣；弹琴足以自娱，从夫子之学，足以自得其乐。所以我不愿做官。**老庄孙子**：古时一亩相当于现在7分。老子之甘其食，安其居，美其服，乐其俗。安贫乐道。颜回是《击壤歌》的典范！

孔子肃然起敬，高兴地说：你的心愿好极了！好极了！我听说："知足的人不以利禄害己；真正心意自得的人，失去什么也不忧惧；有修养的人虽无爵位，也不感到羞愧。"

我诵读这话已经很久很久了，如今终于在你身上看到了它，这是我的意外收获，也是我的最大快乐！**老庄孙子**：知足常乐，颜回的写照，也是孔子的追求。应是孔子晚年事。

曾子居住在卫国，乱麻絮里的袍子已破烂不堪，脸上浮肿得厉害，手和脚都长着老茧。他已经三天没有生火，十年没有添置衣服了。正一正帽子，帽带就会断掉，拽一下衣襟，臂肘就会露出来（捉襟见肘之出处），脚往鞋里穿，鞋后跟就会裂开。但他却还在吟唱《商颂》，音声洪亮充满天地间，好像金石乐器奏出的声响。天子不能使他为臣，诸侯不能使他为友。

所以庄子评论，养"志"的人忘却了形骸，养"形"的人忘却了利禄，追求"道"的人忘却了心智。**老庄孙子**：所以曾子才能著《大学》，学问之极致。大学之道，在明明德，在亲民，在止于至善。只可惜一个"虑"字误了曾子也误了后人。

原宪居住在鲁国。方丈小屋，新割下的茅草苦顶，蓬草编织的门尚待完成，以桑树枝做门轴，用破瓮作窗子，穿粗布破衣，上漏下湿，他却端坐弦歌。

子贡乘高头大马，内穿暗红色纯棉衣服，外罩真丝素白大褂，巷子容不下他的高大马车，他只好下来走去见原宪。

原宪戴着破旧得开了花的帽子，穿着露出脚跟的草鞋，扶着弯曲带刺的藜杖出来应门。

子贡：哎呀，老同学你这是得了什么病吗？

原宪：我听说，无财叫作贫，有学问得不到施行才叫病，现在我是贫，而不是病。**老庄孙子**：老子"知不知上。不知知病。是以圣人不病，以其病病，是以不病"。

子贡进退不是，面带愧色。

原宪却笑着说：迎合世俗行事，结党营私，以所学炫耀于人，以所教表现自己，以仁义掩饰奸恶，追求车马的华丽装饰，这些是我所不愿去做的。**老庄孙子**：达则兼济天下，穷则独善其身。原宪的写照。司马迁把原宪列入大侠之列。

庄子评论，从上述可以看出，古时候得道的人，穷困潦倒亦乐，通达顺利亦乐。他们所乐的并不是"穷"与"通"，而是得道于心中，"穷"与"通"对他们来说，就好像是寒暑风雨四时之循序变化。所以许由（尧让天下而不为者）能在颍水之边自得自娱，共伯（人名）可在丘首山上悠然惬意。

老庄孙子：原宪，孔子当鲁国大司寇摄相事时的总管。

八、孔子与庄子、惠子及曾参

"寓言"篇

惠子是名家主要代表，善辩，极具逻辑思维，微分之始作俑者，曾任魏国宰相，极有治国理政之才。曾参，即前面的曾子，有人认为是孔子思想主要继承发展者，《大学》《孝经》作者，官拜上卿，是子思（孔子的孙子）的老师，子思又是孟子老师的老师。**老庄孙子：存疑！**

庄子对惠子说：孔子到了六十岁而有六十年的变化。初时肯定的，终时又否定了。不知道现在所肯定的，不就是五十九岁所否定的？**老庄孙子**：与时俱化，远高于与时俱进及与时偕行。也是"无常"所不能比。

万物有生成却看不见生成它的根源，万物有出入却看不到它出入的门径。人们都重视他的智慧所能知道的，而不知道依凭他的智慧去推演未知世界，这不是所谓的大疑惑吗？算了吧，算了吧，世上没有能逃避得了的，这就是人们说的众说纷纭。

惠子说："孔子励志勤学。"

庄子说："孔子已经弃绝用智了，而他未尝多言（述而不作）。"孔子说过："人禀赋于天，伏藏灵性而生（阴阳和合外带精神中阴）。发出的声音当合于声律，发出的言论

29

当合于法度。利义摆在面前,而好恶是非的分辨不过让人口服罢了。要使人心服而不敢违逆,那就要确定天下的准则。"算了,算了,我还不如孔子呢。**老庄孙子**:孔子确立了"仁、义、礼、智、信""君臣、父子、夫妇、兄弟、朋友"五常等人文准则。七十随心所欲不逾矩。庄子认真褒扬了一次得道之孔子!孔子也曾对子贡说:我欲无言。

曾子再次做官而心情再变,他说:"我双亲在世时,做小官三釜俸禄已使我心情快乐。后来做了大官,三千钟的俸禄也没机会奉养双亲,我心感悲伤。"**老庄孙子**:曾子著《孝经》,已经偏了。

弟子问孔子:"像曾参这样,该没有牵挂俸禄的过错吧?"

孔子说:"他已经牵挂俸禄了,要是心无牵挂的话,还会有悲哀吗?那些心里无所牵挂的人看三釜、三千钟,就如同鸟雀蚊虻从眼前飞过一样。"**老庄孙子**:曾子大孝,有大学问,但还没有超脱、逍遥、齐物、无待、无执而究竟。

九、孔子与老莱子及儒士盗墓

"外物"篇

老莱子,楚国贤人、隐士(传说是老子)。

老莱子的弟子上山打柴,遇见孔子,回来告诉老莱子,说:那边有个人,上身长下身短,背微曲耳朵向后,目光高远有如在看天下，不知道他是什么人。

老莱子：肯定是孔丘，召唤他来。

孔子到了，老莱子说：孔丘，除去你矜持的态度和智巧的容貌，就可以成为君子了。**老庄孙子**：孔子正襟危坐不若南郭子綦隐机来得好。老子也确实对孔子说过类似的话。

孔子揖让而后退两步，局促不安地问道：请问先生，可以行仁义于天下吗？

老莱子：不忍心看到一世的伤痛而留下万世的祸患，你是鄙陋浅薄还是谋略不及呢？以施惠博取众人欢欣，惠不及者必怨而辱；以名声相招引，以隐私相勾结。这是中等人士的所为。与其赞誉尧而非议桀，不如把两者都忘掉来得好。**老庄孙子**：孔子、颜回的心斋与坐忘。此事应发生于公元前488年左右，孔子64岁。

儒士用诗礼盗墓。

小儒在盗墓，大儒在外指挥，久而未果，大儒着急喊话：天都快亮了，怎么样了？

小儒：衣裙没有解开，口中含有珍珠！古诗中有一首讽刺死人的诗说："青青的小麦，生在山坡上。生前不施善于人，死后何必含珍珠。"

大儒指示：拖住他的鬓发，按住他的下巴，用铁锤敲他的面颊，慢慢地别开他的两腮，注意，千万不要损伤口中的珍珠！**老庄孙子**：孔子曰"非礼勿视、非礼勿听、非礼勿言、非礼勿动"，又曰"君子爱财，取之有道"。一笑，庄子幽了孔子一大默。

十、孔子与大韬、伯常骞、希韦、
　　长梧封人、子牢、市南宜僚

"则阳"篇

大韬、伯常骞、希韦均为史官，市南宜僚、长梧封人是隐士，子牢是孔子弟子。

孔子问太史大韬、伯常骞、希韦：卫灵公饮酒耽乐淫乱，不处理国家政务，狩猎网捕弋射兽鸟，不应承诸侯会盟，却得到灵公的谥号，这是为什么呢？

大韬：正是因其天道所以才谥号为灵。**老庄孙子**：人生有命，富贵在天。

伯常骞：灵公有三个妻子，他和三个妻子在一个大浴盆中洗澡。史鳅奉召来到灵公住所，灵公急忙叫人接取他献的币帛并让人搀扶他的臂膀。灵公放纵淫乱，接见贤人却又如此肃然恭敬，这就是他所以称为灵公的道理。

希韦：灵公死后，卜葬在寿穴（原定的），不吉利，卜葬在沙丘就吉利。掘墓数仞，得一石棺，洗去泥土，上面有铭文"子孙不足凭依，灵公可以埋葬在这里"。

灵公的谥号称为灵公，已经很久了，大韬、伯常骞这两个人怎么能知道呢？**老庄孙子**：易，万世可知。卫灵公死后事，公元前493年左右，孔子60岁。赵襄子不敢伐卫的主要原因是孔子及弟子在卫以及卫国有遽伯玉、宁武子等。

长梧封人告诫子牢："你处理政务不要粗心，治理人民不要乱来。从前我种庄稼，耕作粗疏，则果实也以粗疏来报复我。除草乱来，则果实也以乱来来报复我。第二年我变更方法，深耕细作，禾苗繁盛滋壮，我终年饱食。"

庄子对这件事进行了评论：现在的人治理自己的身心，大多像封人所说的，失掉他的天命，离开他的本性，灭绝他的真情，丧失他的精神，以随众人的事为。**老庄孙子：异化。**

所以对本性鲁莽放纵的人，是以滋生枝杈伤害本性，就像荻苇伤害黍稷一样。人们以此（膏粱厚味、生生之厚、放纵淫乐等等）来扶养自己的形体，来诱引拔擢自己的本性（揠苗助长），结果肢体四处溃烂，脓疮疥痈，心血发热，排泄脂膏（高血糖、高血脂、高血压），就是如此。**老庄孙子：如老子所说动之死地十之有三。贵生与养生的区别。**

孔子到楚国去（公元前486年左右，孔子66岁），住在蚁丘一个卖豆浆的人家，他的邻居有仆妾，随员众多，登高望远，游园玩乐。

子路问：这些人聚在一起干什么？

孔子："这些是圣人的仆役。这位圣人是甘愿隐于民间，隐居田野的人。他的声名消失，他的志向无穷，他的嘴虽然说话，他的内心却不曾说话。他的行为和世俗相反，内心不屑与世俗同流。这是沉隐于陆地上的人，这岂不是市南宜僚？"**老庄孙子：潜龙勿用。**

子路请求去把他招来。

孔子：算了吧！他知道我知道他，知道我到楚国，一定

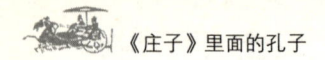

会说服楚王召见重用他。他把我当成媚世低俗的人。他对媚世低俗人的话是不屑一顾的,更何况亲自见面呢!你又何必去存问他而自取侮辱呢!

子路不信,前往探望市南宜僚,结果他的住室早已经空空如也。**老庄孙子**:高人总是神龙见首不见尾,不像姜太公刻意而为,不是独钓寒江雪,而是沽名钓誉。

十一、孔子与孙叔敖、许由

"徐无鬼"篇

孙叔敖是楚王的大臣,许由是尧时隐士,他们对仁义进行了彻底批判。

孔子到楚国,楚王宴请。

楚王:请说说古代的人吧!

孔子:我也听说过古代有不言之言的说法,不好意思,我就权且说说。市南宜僚玩弄弹丸而解决了两家的危难,孙叔敖安寝摇扇而卧能使两国停止用兵。我也希望有三尺长的嘴而不说话。**老庄孙子**:不战而屈人之兵善之善者也。不言之教,无为的境界。

庄子评价,孙叔敖和市南宜僚的作为那是不言之道,孔子说的是不言之辩,所以德最终是与道齐一的。而语言仅停止在知上,这种小知其实就是不知,万物的极致只能由道来同一,德则不能;知道所不能知道的,善辩的人也不能尽举

（如惠施），名声像儒墨那样就危险了。所以大海不拒绝江河的东流，而达到极大。**老庄孙子**：大海善处下故能成百川王。儒、墨、道均是当时显学。

圣人包容天地，恩泽遍及天下，而生时没有爵位，死后没有谥号，实利不聚积，名声不建立，这就是所说的大人。**老庄孙子**：圣人善谦下故成百姓王。

狗不因为善于叫便是好狗，人不是因为会说话就是贤人，何况成就大名的人呢？**老庄孙子**：俗儒之好马出在腿上，好男出在嘴上，还有西方的竞选。

名都不足以成，何况成德呢？大而完备的，无过于天地，天地却没有什么追求。也正是因为大而完备，所以才没有追求，没有丧失，没有舍弃。不因外物改变自己，返回自己的本性而无穷尽，因循常道行事而不磨灭，这就是至诚。**老庄孙子**：无为而无不为。顶天立地，唯我独尊。精诚所至，金石为开。浩然正气。天何言哉？四时行焉，万物生焉。

啮缺遇见许由，问：你要到哪里去？

许由：我要逃避尧的禅位。

啮缺：为什么？

许由：尧盛行仁义，我恐怕他被天下人所耻笑。这样下去，后世将会人吃人呀！**老庄孙子**：借此可以修正《史记》。

民众，不难聚集，爱他们就亲近，有利给他们就到来，称赞他们就勉励。使他们厌恶就离散。爱和利都出于仁义，而世上却是行仁义的人少，取利的人多。仁义的行为，如果没有诚意，就会成为禽兽一样的贪婪者。所以一个人独断专行来取利天下，就犹如宰割一样。尧只知道贤人有利于天下，而不知他也会有害于天下，这只有贤人以外的高人才能了解。**老庄孙子**：仁义的恶果！更何况不仁不义。一切法包括仁义礼智的根基是诚与良知。老子"乐与饵，过客止"。

十二、孔学与徐无鬼

"徐无鬼"篇

徐无鬼，战国时隐士。女商，魏武侯的宰相。徐无鬼深刻批判了"仁义"思想。

魏武侯请女商引见徐无鬼。

武侯慰劳他：先生贫困了！苦于山林的辛劳所以才肯来见我？

徐无鬼：我是来慰劳国君的，国君有什么慰劳我呢？国君要满足嗜欲，增长好恶，那么性命之本就要受损害。你要废弃嗜欲，除去好恶，去掉耳目之苦。**老庄孙子**：老子说"五色令人目盲，五音令人耳聋，五味令人口爽，驰骋田猎令人心发狂。甚爱心大费，多藏必厚亡。所以要塞其兑，闭其门，才能终生不勤"。

是我要慰劳你，你有什么可以慰劳我的？

武侯怅然不回答。

过了一会儿，徐无鬼说：我试着给你讲讲我的相狗术。下等狗的材质，只是捕食得饱而已，这是山猫的德行。

中等狗的材质，眼睛看得高看得远。**老庄孙子**：如孔子。

上等狗的材质，好像忘掉自己。**老庄孙子**：如颜回。

我的相狗术又不如我的相马术，我相马，看它的前齿与绳墨相合，它的项背与钩相合，它的头与矩相合，它的眼睛与规相合，这是一国的好马。然而还不是天下最好的马。天下最好的马有天生的才性，走起路来惊悚若飞，犹如无我。这样的马，超逸绝尘，不知所往。**老庄孙子**：颜回评价孔子。

武侯非常高兴。徐无鬼出来，女商问他：先生究竟用什么使我们的国君这么高兴？我平时用来取悦国君的，横说用《诗》《书》《礼》《乐》《易》《春秋》，纵说用《金板》《六韬》（兵书）。行事而大有功效的，不计其数，而国君从未开口笑过。现在先生用什么取悦我们的国君，使国君如此高兴？

徐无鬼：我只是告诉他我相狗相马之术而已。**老庄孙子**：人，禽兽不如。

女商：就是这些吗？

徐无鬼：您没有听说过在越国流放的人吗？离开他的国家不几天，看到所认识的人就高兴；离开他的国家十天一个月，看见曾经看过的人就高兴；离开国家一年，看见像是自己国家的人就高兴。不就是因为离开越久，思念就越深吗？

而那些流落到废墟的人，灰菜塞满黄鼠狼往来的途径，跟跟跄跄地居住在废墟之上，听到人的脚步声就高兴，又何况是兄弟父母的说笑声在他的旁边呢？

很久了，没有人以真人之言在你们国君身旁谈笑了。**老庄孙子**：率性之谓道。

徐无鬼再见魏武侯。武侯：先生隐居深山老林，吃橡子、食葱韭，你摈弃我很久了。现在你老了吗？是想求得酒肉的滋味呢还是想为我的社稷造福呢？

徐无鬼：无鬼出身贫穷低贱，不敢享用国君的酒肉，我是特意来慰劳国君的。

武侯说：什么？你又来慰劳我？

徐无鬼：慰劳你的精神和形体。**老庄孙子**：身心。

武侯：你说的是什么意思？

徐无鬼：天地养育万物是一视同仁的，身居高位不可自以为长，身居低位不可自以为贱。**老庄孙子**：天高地低自然使然。

国君独自为万乘之主，奴役一国的人民，用以奉养耳目鼻口的私欲，而心神不能自得；心神不能自得则与道背离；与道背离就是病害，所以我来慰劳你。只有国君才有这种病，为什么呢？

武侯：我想见先生很久了。我想仁爱人民，为了义停止用兵，可以吗？

徐无鬼：不可以。爱民，是害民的开始；为义停止用兵，是制造战争的祸根。国君这样做，那是不能成功的。凡是成就美名的，就是作恶的工具。**老庄孙子**：老子说，美之与恶，相去几何？天下皆知美之为美，斯恶已，皆知善之为善，斯不善已。

国君行仁义，是几于作伪呀！仁义的形迹必定导致虚伪，成功了必定要自夸，有变乱必定有战争。国君也一定不要把盛大的军队像鹤群一样排列在高楼之间，不要集合步骑兵于宫内，不要背道妄取，不要巧诈骗人，不要耍阴谋，不要以杀人掠地的战争去胜人。杀害别人的士兵和民众，夺取别人的土地，用来奉养你的私欲和心神的，这样的战争不知有什么好处？胜利在什么地方？**老庄孙子**：虽有甲兵无以阵之。

国君不如停止战争，修养内心的朴实，来顺应天地的自然性情而不扰乱他物，这样人民方能免于一死。哪里还用国君你去停止战争呢？**老庄孙子**：修身以道，为政以德，譬如北辰，居其所而众星共之。无为的最高境界。兵者不详之器，不可以示人，胜者以哀处之。

第二章
《庄子》外篇中的孔子

一、知北游

本篇主旨：道家的宇宙论、认识论。批判了儒家的仁、义、礼，着重批判礼是忠信之薄而乱之首，是道之华而愚之始。名句：为道者日损，损之又损，以至于无为，无为而无所不为。

黄帝曰：智者不言，言者不智，所以圣人行不言之教。道不能靠言谈而获得，德不能靠话语而达到，仁是人为做出来的，义是不可能十全十美的，而礼则会产生虚伪欺诈。所以说，世道渐衰，失去了大道不得已则用德补救。**老庄孙子**：德者得也，道的具体体现和应用。

失去了德不得已用仁来补救。**老庄孙子**：仁者爱人。

失去了仁不得已用义来补救。**老庄孙子**：义者宜也，权衡、度量。

失去了义不得已用礼（礼貌、形式、礼仪三百、威仪三千）来补救。礼是道的枝叶，是祸乱的根源（开始）。**老庄孙子**：智者不言言者默，此语吾闻于老君。若谓老君是智者，为何自著五千文。《道德经》中说了很多黄帝说的话！只是老子迫于无碍很难说出出处。更遑论法了！

孔子向老子求教：先生，今天比较安闲，我想请教您对大道的认知？**老庄孙子**：公元前490年左右，孔子晚年。35岁时曾向老子问礼，此是问道。

老子：要想求至道，你必须先斋戒，疏通你的心灵，洗涤你的精神，捐击你的智巧。道这个东西，深邃奥妙难以用语言说清楚，我只能给你说个大概。**老庄孙子**：在"人间世"篇有孔子著名的"心斋"。

显明的东西都是从冥暗中产生的，有形生于无形，精神生于道。**老庄孙子**：爱因斯坦之左右宇宙的那个伟大的精神。上帝粒子，黑洞，暗物质，暗能量。人类的遗传基因仅有3%被认知！

形体生于精。**老庄孙子**：阴精、阳精，一阴一阳之谓道。

万物都是以形体相区别。例如：凡有九窍的动物都是胎生，具有八窍的动物都是卵生。

道，来无影去无踪，居无定所，遍及八方。能够顺道者，身体健康、思想通达、耳聪目明。

得道之人，他们虽然运用心思却不会疲惫不堪，应对万物则圆融无碍。**老庄孙子**：含德之厚，比于赤子。虚以待物。

天没有它则不会那么高远，地失去了它则不会那么浑厚，日月没有它则不能正常运行，万物失去了它则不能繁荣昌盛，这就是道。**老庄孙子**：顺道者昌，逆道者亡。天得一以清，地得一以宁，侯王得一以天下正。

况且，学识广博的人不一定有真知灼见。**老庄孙子**：儒家。为学日益。读万卷书，行万里路。

善于雄辩的人不一定真有智慧。**老庄孙子**：名家。

圣人于此是断然不取的。既不能对它（道）增益，也不能对它减损，这才是圣人所要坚持的。

就好像大海不辞细流，泰山不让寸土。运化万物，终而复始，永不穷尽，无他，这就是君子、圣人之道。

天地有大美，阴阳合和而生人（万物），阴阳失和而归土（死）。

从根本上说，人的产生不过是一时气的聚合。**老庄孙子**：炁，能量、抟气。气也者，虚也；虚也者，心斋也。唯道集虚。

虽然有长寿夭折，但与永恒的时空比，又有什么差别呢？只是瞬间而已。就此须臾之间又怎能评判尧桀的是非功过呢？**老庄孙子**：是非功过谁人说？与其相濡以沫，不如相忘于江湖。

瓜果自有瓜果生长的规律（种瓜得瓜，种豆得豆），人伦虽然复杂，但也有其尊卑贵贱，伦常秩序。圣人则像一面镜子，物来则照，物去不留，调和顺应，这就是德；偶合应生，这就是道。**老庄孙子**：道生之，德畜之。

此两者，帝以此兴，王以此起。**老庄孙子**：见"天下篇"。

人生于天地之间，就像白驹过隙，忽然而已。万物生生死死，死死生生。动物为同类之死而悲哀，人为至亲之死而哭泣。岂不知，死亡才是人生真正的解脱，才是真正的回归呀！从生到死，从有形到无形，又从无形到有形，这是人们都知道的，但人们却都乐生而惧死。**老庄孙子**：生者寄也，死者归也。艾米丽·王嘉宝之《醒来》，天籁之音：

"从生到死有多远？呼吸之间。

从迷到悟有多远？一念之间。

从爱到恨有多远？无常之间。

从古到今有多远？笑谈之间。

从你到我有多远？善解之间。

从心到心有多远？天地之间。

当欢场变成荒台，当新欢变成旧爱，当记忆飘落尘埃，当一切是不可得的空白，人生是多么无常的醒来，人生是无常的醒来。"

圣人则不然，他们懂得生死之必然，所以从不贪生怕死。不自是聪明、诡辩侥幸。因为道是不可说、不可辨、不可触摸的，所以不如闭目塞听、回光返照、自视内省、反躬自问，这样才会有大的收获。**老庄孙子**：道可道非常道，名可名非常名。不可思议。塞其兑、闭其门、虚其心、实其腹、弱其志、强其骨。孔子十四年流浪的最大收获是见到老子等高人隐士。

冉求向孔子请教：没有天地之前的情形可知吗？**老庄孙子**：应是冉求入仕后，孔子返鲁，70岁左右，约公元前480年。

孔子：可知，古代就像现在，观今可以知古。

冉求觉得所答非所问，没有再问，走了。第二天又来求教：昨天我问先生"没有天地之前的情形可知吗？您说，

《庄子》里面的孔子

可知，古犹今也"。昨天我似乎有点明白，但今天却糊涂了。这是为什么呢？

孔子：你昨天明白，是你用本能之真心去悟（心领神会）；今天又糊涂，是你动了心思，想要借助一些所谓的知识、经验去推断、论证，所以只能越想越糊涂。从道之永恒性来讲，无古无今，无始无终。就像人一样，从来没有子孙，却突然有了很多子子孙孙，这可能吗？

冉求无言以对。孔子接着讲：算了，算了！不必回答了。人类不是为了生而非要弄出个死来，也不是因为死非要停止生。**老庄孙子**：庄子即生即死，即死即生，一受其成形，不亡以待尽。

死生都是相对的，只是一个问题的两个方面。有先于天地而存在的东西吗？使万物成为万物的并不是万物本身。先于万物天地而存在的另有一种东西，生成万物的那个东西，还有生成这个东西的东西，无始无终，无穷尽也。所以圣人体悟大道，对人之关爱也是无穷尽的。**老庄孙子**：圣人无常心，以百姓心为心。天地无常心，以万物心为心。智慧、慈悲、普度。孔子是从天道到人道的至圣先师，大菩萨！

颜回请教孔子：我经常听老师您说"无有所将，无有所迎"，怎样才能达到这样的境界？**老庄孙子**：应在公元前482年左右，孔子70岁。禅宗之譬如门前树，鸟雀自栖之，来者自来，去者自去。

孔子：古时候的人，外形变化率性（从小至老）而内心却不变（永保纯朴淳厚之心）；现今之人却是内心变化（智巧谋虑蝇营狗苟，小人长戚戚）却又滞于外物而顽固不化。
老庄孙子：贪、嗔、痴、慢、疑、妒。

古之圣贤，随遇而安，因任自然之千变万化，其内心却一以贯之（守道不离、见素抱朴）。化与不化一任自然，不人为去增益损减（参赞天地之化育）。正如豨韦氏（远古的帝王、圣人，《尚书》中无）的园林，黄帝的果园，虞舜的宫室，商汤、周武王的屋舍都很小很简朴，可他们的道德修为却很高，可谓是君子圣人。

而到了春秋，百家争鸣，尤以儒墨为代表的你是我非，师心自用，纷乱不已。到如今就更乱不可言啦！

圣人之世，人与万物相处而互不伤害，只有互不伤害，互不设防，才能友好、和谐相处。山林呀、大地呀、旷野呀等等，都能让人感到欢欣快乐。

而如今，快乐还未结束，悲哀却又袭来，快乐并痛苦着，都是人所不能左右的，来者不能拒，去者不能止。

悲哀呀！人生只不过是永恒时空中的一个小小过客而已！人们只知道他所碰到的事，而不知道他所没遇见过的事；只能做力所能及的事而不能做力所不及的事。有所不知、有所不能、有所不遇，本就是人所必然。希图明知不可为而为之（孔子是典型，自我批判）事，这样的人太可悲了！至言去言（释迦传经布道49年却一言未发，最后拈花微笑才完成了衣钵的传承），至为去为。**老庄孙子**：无为，天何为哉！地何为哉！天无不覆，地无不载。人到如今也没闹清自己是个什么东西，地球上的水从何处来至今也没闹清楚，岂不悲

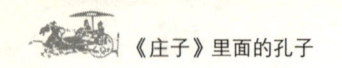

哉！颜回之死是孔子晚年对孔子最残酷的打击，致使孔子的道论、性论不能得以记述、总结和传承！

二、田子方

本篇主旨：至人无为，论述死亡相待、荣辱存亡不入于心等人生哲理。名言：得意妄言、得意忘形。批判礼、义、仁。**老庄孙子**：田子方，子贡弟子。

温伯雪子（楚国隐士，得道之人）到齐国去，中途住宿在鲁国。鲁国有人（儒士）慕其名想求见，温伯雪子答复：不见！我听说中原（鲁国）的君子，只知礼义而不了解人的真性，所以，我不想见他！

从齐国返回又住在鲁国，那个人又来求见。温伯雪子：前些时候他想见我，我拒绝了，现在他又要见我，是不是有能教导我的？不得已出来接客，回来后叹息不止。

第二天见此人，回来后又是叹息不止。他的仆人问他：每次见客，都回来慨叹，这是为什么呢？

温伯雪子：我早就告诉过你，中原之人，只知礼义，不懂人心。见我的那个人，进退亦步亦趋、中规中矩、威风凛凛，他劝谏我像儿子对父亲（毕恭毕敬），诱导我又像父亲对儿子（有训诫之意），过于注重礼义，所以我哀叹。

有一天，孔子偶遇温伯雪子，却一句话也没说。**老庄孙子**：孔子入仕时，公元前498年左右，孔子54岁。

子路奇怪：先生想见温伯雪子已很久了，今天好不容易遇上了却一言不发，是什么意思？

孔子：像他这样的人，打眼一过就知道是位得道高人，无须再费言语。**老庄孙子**：已心心相印，心有灵犀一点通。意会，不用言传。孔子受这些人的训诫也太多了。

有一次颜回和孔子闲谈：先生您缓步走，我也缓步走，您小步疾走，我也紧紧跟随（亦步亦趋），可是您奔逸绝尘（道行太高深，千里马），我则目瞪口呆，望尘莫及！**老庄孙子**：孔子晚年事，70岁左右。《论语》中亦有记载。

孔子：颜回，你在说什么呀？

颜回：先生您慢步走，我也慢步走，这意思是您说什么，我也跟着说什么；先生您小步快走，我也紧紧跟随，这意思是您怎么辩论，我也怎么辩论；您奔跑，我也使劲跑，意思是您天行健君子自强不息于求道，我也逝者如斯不舍昼夜地追寻；先生您奔逸绝尘我瞠目枉然，意思是说，先生您不用言说就能让人信服，不自私又普世关怀，没有君王之位却万众敬仰，我只是知其然，不知其所以然啊！所以望尘莫及。**老庄孙子**：素王。

孔子：噢，是这样子，那我可要认真对待了！古人言：哀莫大于心死，而躯体的消亡则是次要的。东方日出西边落，万物莫不顺其自然。凡是有趾有眼的都是遵从四时规律，日出而作，日落而息。万物亦如此，有的等待出生，有的在等死。就像我一样，一旦父母生育了我，其实就是在逐渐走向死亡。就像其他动物一样盲动，昼夜不停，不知终于何处。抟气而聚合成体，命运不可预知。我只能日复一日参赞天地之化育我与你整天在一起，对于道的认识，却是失之于交臂，多么可悲呀！**老庄孙子**：是颜回告诉孔子"您已得道了"。

你关注我的所谓长处，可是那些早已成为过去。你却还在执意地追求，这无异于到没有马的市场买马，是不可能买得到的。我的那些所谓，你要尽快忘掉，你的那些东西，我也要尽快抛弃。这样，你就不会有什么忧患。虽然旧我（躯体）消亡，被人遗忘，但我还是为了忘却的纪念而永存！**老庄孙子**：仁道。虚空不能粉碎。道亦不执。

孔子去拜见老子，老子刚刚沐浴，在太阳下蔫蔫地站着，等待头发晾干，呆若木鸡，形如槁木。孔子立等。**老庄孙子**：孔子流浪期间，60岁左右。如南郭子綦。

过了一会儿，两人相见。孔子惊问：是我眼花了吗？还是真的如此？刚才看见先生形如槁木，遗世独立。

老子：我刚才的心思已游移到万物的初始状态上。**老庄孙子**：与造物者游。无、始、有。

孔子：您说的是什么呀？我怎么听不明白。

老子：说到了万物之源，确实是有口难言，有心难知。我就给你说个大概：阴极则寒冷，阳极则炎热，寒冷生乎天，炎热发乎地。二者合和交融而生万物。**老庄孙子**：和气不仅生财更生万物。

人们把阴阳合和称为产生万物的纲纪，但却看不到它的形体。消亡生息、盈满空虚、明暗相继、千变万化，每天都有所为，却看不到它的功绩。**老庄孙子**：功成不居，太上不知有之。

第二章　《庄子》外篇中的孔子

生有所萌，死有所归，从始至终，由终至始，循环往复，无有穷尽。如不是这样，那么谁又是其源宗呢？**老庄孙子**：马克思之循环往复，螺旋式发展，以至于无穷。抟扶摇羊角。

孔子：请您说说游心于初的情景。

老子：能神游于万物的初始状态那真是美不胜收，快乐之极呀！能得此至美至乐的人就是至人。**老庄孙子**：无始之前就是无色界。老子也具有大神通。庄子至乐。

孔子：请您讲讲用什么方法能至此。

老子：食草的动物，不会因为转换草场而发愁。水生的物类，不因改换江湖水域而难过。因为这些小小的变化，不会影响它们的正常生活，不会产生大喜大悲大哀大乐，也就当然不会影响它的情绪、心情。天地，是万物共同生息的地方。

有了天地一样的胸怀、境界，能与天地为一，那小小的躯壳就如尘垢，生死就像昼夜，经常而已（非无常）。更没必要在乎得失祸福是非等等。遗弃那些身外之物，是知道自身贵于泥土。难能可贵的是身体与物俱化，而内心却坚贞不渝（于道）。更何况变化是永恒的，看到这点，就不会在乎形体的得失而产生忧患。这个理，有道之人都是明白的。**老庄孙子**：生则安乐，死亦安乐。道之不变也是永恒的。不易之谓庸。

孔子：先生已是德配天地，还要借助至理名言来修养身心。古之圣贤君子莫不如此。

老子：不是的。比如水之澄明清澈，是其天生具此才质。**老庄孙子**：无为才能自然，自然就是无为。

至人之德也如此，不需修为而自使万物不离。就像天自然就是高的，地自然就是低的，太阳、月亮自然就是明亮的，哪里用得上修为呢？**老庄孙子**：老子称自己为至人。自然而然。

孔子离开老子回到住地，将此告诉颜回：我对于道的认知，就像醋坛中的小飞虫一样渺小！若不是夫子（老子）的教导启蒙，我是真的不知道天高地厚啊！**老庄孙子**：子贡也反省自己，不知天高地厚。天有多高，地有多厚？那时的人是说不清的！天有多高？现代人也依然说不清。地下有什么？也说不清。

三、山木

本篇主旨：阐述虚己处世的人生哲学，讲究无用之用，随顺自然。批判孔子过于人为。典故：螳螂捕蝉，黄雀在后。名句：物物而不物于物。

孔子被围困于陈国、蔡国的边界处，7天没能生火做饭，饥饿难耐。**老庄孙子**：公元前488年左右，孔子64岁。

太公任前来慰问：你们快饿死了吧？

孔子：是的，快挺不住了。

太公任：你怕死吗？

孔子：当然，谁不怕死？

太公任：那我就试着给你讲一讲不死的方法。东海有一种鸟，名叫意怠（身少动，意念也少动），这种鸟飞行的特别慢，看似不会飞的样子。别的鸟飞它才飞。栖息时要和其他鸟依偎在一起；前进时不靠前，后退时也不落在最后，吃东西时，别的鸟吃后它才吃；从不与其他鸟发生矛盾，人们也不能（不愿、不忍）加害于它，所以它总能免于祸患。

要知道，笔直粗壮的树木最先遭到砍伐，甘甜的水井最先被人喝干，这是常理。你孔丘用心良苦，以仁义修养自己，炫耀自己的聪明智巧，知识广博，惊世骇俗，汲汲于破困解愚，自以为是太阳，能普照万物。依我看你离灾祸已经不远了。

我听古之圣人说过：自我夸耀的人，功绩再大，人们不但不认可，反而更受贬损；人太过于骄衿，功名则会毁于一旦。**老庄孙子**：树大招风，出头的椽子先烂。

谁能做到功成、名遂、身退，而又让人视之为最普通的人呢？大道流行，变动不居，言而不露；大行德广，普度众生，从不显名；纯纯朴朴，平平常常，率性自然；善不留名，不眷恋权势，功成不居，不沽名钓誉。不强求、强责、强取于人，人们自然也就不强求、强责、强取于你，两相好和、平安睦处。

所以，圣人们都不图名，不显山，不露水，你孔丘算得了什么？你又有什么可以沾沾自喜的？

孔子：您说得太好了！

于是乎，孔子辞别了好友故交，舍弃弟子，逃到大湖旷野，穿兽衣，吃野果，与兽同群而不惊，与鸟同行而不厌。

庄子评论，孔子都能与鸟兽和谐相处啦，又何况和人呢？**老庄孙子**：天人合一，族与万物并，身于天地行。孔子67岁返鲁过蔡时遇长沮和桀溺时说过：鸟兽不可与同群，吾非斯人之徒与而谁与？天下有道，丘不与易也（见《论语》）。

孔子求教于子桑乎：我两次被驱逐出鲁国；在宋国大树下歇息却受到了伐树的威胁和羞辱；在卫国被当成了阳虎（恶人），铲除我的足迹，拒绝入境；在周和商两个地方无路可走；在陈、蔡两国被围堵。

我遇到如此多的祸患，加之亲友的疏远，弟子的离散，谁能告诉我，这到底是为什么？**老庄孙子**：孔子对自己仁道的极不自信。子桑乎，隐士，《论语》有记载。

子桑乎：你难道没听说过假国（当时晋国的附属国）人逃亡的故事吗？这个逃亡者名叫林回（《论语》中有记载），他放弃了价值连城的玉璧，而背着婴儿逃亡。**老庄孙子**：婴儿是老子形容得道人的最佳状态。

有人质疑：你说他是为了财吧，孩子不值钱。你说他是怕重吧，这孩子比玉璧重得多，舍弃价值连城的玉璧却背着婴儿逃跑，这是为什么？

林回：玉璧和我只是一种利益关系，这个孩子与我是天性的结合。与利相合者，遭遇穷困灾祸则会相互抛弃；与天性（人性）结合者，遭遇困境则相互扶助，谁也离不开谁。**老庄孙子**：物性、兽性与人性。

所以相弃与相助差别何其远啊！况且，君子之交淡如水，小人之交甜如蜜。君子虽淡漠，交情却深，小人虽甜蜜，一有风吹草动，利益纷争，就会去意决绝。所以这世界没有无缘无故的爱，也没有无缘无故的恨。

孔子：我诚心地接受您的教诲。

于是乎，孔子安闲悠然地哼着小曲回到了家，停止了教学，丢弃了所谓圣贤之书，不再要求弟子们前呼后拥、作揖鞠躬，可弟子们对他的敬爱却与日俱增。**老庄孙子：无为无不为。**

过几天，子桑乎又告诫孔子：虞舜临死时，直言不讳地教训夏禹：你要加倍注意啊！行为举止没有比因随物性、随顺自然来得更好的；情感、精神没有比率真、纯朴来得更好的。因任自然则不会异化，率真、淳厚则不会费心劳神。不背离天性（人性。天命之谓性、率性之谓道、修道之谓教），不劳心费神（刻意而为）。顺性而为，因任自然，就不需要人为的修饰装点，则自然无求于、期待于外物。**老庄孙子：人到无求品自高。大禹治水，顺势而为。**

孔子及弟子被围困于陈蔡两国边界上，7天（这7天在《庄子》里面确实有很多故事）没法生火做饭，他左膀靠着枯树，右手拿着枯树枝敲打着，吟唱着神农氏时的歌谣，有音无律（类似原声态），有声无调，却悠然自在，像天籁与人籁的有机合成。

颜回端正拱手站立，不时地转眼看看孔子，一副正人君子的模样。孔子担心他过于推崇自己的理念信仰而不能自已，又担心他过于爱恋自己，顾影自怜而自暴自弃。

于是告诫他：颜回呀，不受自然的损害容易，不受人的影响就难了。世上的万事万物没有哪一个是只有开始而没有终结的（有始有终），天人是合一的。如今唱歌的又是谁呢？

老庄孙子：多么哲学！

颜回：敢问老师，何谓不受天损易？

孔子：饥饿、干渴、严寒、暑热，困境的限制使人寸步难行，这是天地运行、万物变化的必然。人只要做到随遇而安，因任自然就可以了。作为臣子的，不能违拗国父的旨意，这是作为臣子的道理。至于事天，更应该顺其自然。**老庄孙子**：顺者为孝，国泰才民安。孔子的忠君思想处处可见。事君则无事不安，宜也。

颜回：那什么是不受人的损害难？

孔子：人刚刚被任用时一切顺利，爵禄并至，没有任何困难。然而这些都是身外之物所带来的利益，本不属于自己，不过是机遇好、命运好而已。更何况君子爱财取之有道，更不会做那些苟且偷盗之事。

所以说，从这个意义上讲，没有比小燕子更聪明的了。打眼一看认为不合时宜则再不会眷顾，虽然掉落了口中的美食，仍弃之不顾。燕子怕人却又筑巢于人的房檐下，只是不得已是权宜之计暂居而已。人生在世，也只是百代之过客而已，不必把身外之物看得过重。

颜回又问：那您说的始终相继又是何意？

孔子：万物变化生灭，不知所始，不知所变，不知所终，循环往复，以至无穷，如玉落盘，如握圆环，何始何终，何终何始，实难究竟。顺其自然就是了。

颜回继续追问：什么是天人合一？

孔子：人是天地阴阳合和而产生的，天地也是阴阳合和产生的（混沌的分解，清气上扬谓之天，浊气下降为之地），人定不能胜天，这是铁定的。圣明贤人只能体悟自然，因缘而动，当下承担且不可妄为！更不能有妄念！在这里孔子似道非道。

四、达生

本篇主旨：探讨养生之道，以通达人的生命真性。以孔子语剖析人为刻意。典故：呆若木鸡。名言：善养生者，如牧羊然，视其后者而鞭之。

孔子到楚国游学。从林中出来，看见一位驼背老人在捕蝉，手到擒来就像随手捡东西一样容易。**老庄孙子**：公元前489年左右，孔子63岁。

孔子上前：老人家您真灵巧呀！有什么高招吗？

老人：有呀！我是这么练的，在捕蝉的竿头上放上两颗弹丸，练习半年，弹丸不掉，这样去捕蝉，逃掉的会很少；竿头上放三个弹丸而不掉，则捕蝉率在十分之九强；竿头上叠五个弹丸而不掉，捕蝉就像用手拿一样，一个也跑不了；至于我的身体站在那就像一截枯树桩一动不动，我手臂高举竹竿就如一棵枯树枝纹丝不动。

虽然有天地之大、万物之多，我的心只在捕蝉上，怎么不会唾手可得呢！

孔子于是告诫弟子们：用心专一，静气凝神而无所不得，说的就是这位老人啊！**老庄孙子**：吾道一以贯之。是静、虚而非虑。

有一次，颜回告诉孔子：我曾经乘船渡过一条深渊，船夫驾船如神。我问他：驾船技术可学吗？

他回答：可以呀！善于游泳的人，练几次就会。如果会潜水，即使没驾过船也易如反掌。

我问他为什么？他不告诉我。您说这是为什么？

孔子：善于游泳的人几次就学会驾船这是因为他对水没有任何恐惧感。至于潜水的人不学就会，那是因为在他眼里，深渊最多像陆地的小山包，翻船就像倒车一样，翻船也好，倒车也罢，这些根本不能对他有丝毫影响，无论在哪里，他都会悠闲自得，当然驾船就更不在话下了！

这就好比赌博，拿破瓦片下赌注，没有任何压力，自然会心灵手巧；用铜带钩作为赌注，有些价值了，就有了压力，心里就会紧张惧怕；如果以黄金为赌注，赌注太大，自然会神昏心乱，不知所以。

赌博的技巧是一样的，因赌注大小而心情不同，这就是人们常说的，凡是过于重视身外之物的，内心自然笨拙失常。**老庄孙子**：嗜欲深者天机浅。物于物，异化。

孔子还说：人不必要刻意隐藏，也无须过于张扬，就像一根树木立于道中央，就可以了（允执厥中）。能做到此三者，因任自然，你自然会名声大振，无出其右。

这就好比一条危险的路（有老虎，景阳冈），十个人路过有一人被害，则父子相告，尽人皆知，大家就结帮搭伙而行，这是明智之举。

第二章 《庄子》外篇中的孔子

对于人来讲，最可怕、最危险的莫过于衽席（男女之事，纵欲）之上，饮食之间（膏粱厚味足生大疔），在不经意间，大则丧命，小则得病。越是平常事，越应戒备、谨慎。**老庄孙子**：所以告子曰"食色，性也"。

例如，掌管祭祀的官员穿着黑白的斋服来到猪圈对猪说：你为什么要厌恶死呢？我精心喂养你三个月，想吃什么吃什么；我还要为你作十日戒、三日斋；给你铺垫上好的白色茅草，然后把你的前槽和后腿放在雕刻精美的檀木板上（檀香刑）。你愿意吗？如果真的是替猪打算，莫过于给他吃糟糠烂菜，放养在猪圈里；然而人为己谋划则不然，生前渴望高官厚禄，死后希望有高规格送葬。替猪着想，为了活命，宁愿舍弃白茅、檀木雕俎等外在之物，为人谋划则什么都想有。请问人和猪比，到底哪一个聪明呢？**老庄孙子**：值得深思。人生算计太精明，到头来却丧了卿卿性命。猪怎么想？

孔子到吕梁观光，看见一个大瀑布，高悬三十几丈，冲击四射的泡沫、水花溅出四十多里，鱼鳖等没有能从这里游过的。孔子却看到一位男士在那里扑腾，以为是想要投水自杀，忙叫弟子们沿岸拯救。只见那人游数百步远才露头，披发上岸，悠闲散步，歌吟不断。

孔子赶紧跑过去，以为是鬼，仔细一看还真是人。便问道：游水有道行吗？

那人：没有，我没什么道行。只不过是习惯而已，小时候喜欢，长大后就变成了习惯，现在则是顺其自然。水我合一，随漩涡而入，跟浪花而出，顺水而已，从不刻意与水叫板。

57

如果说道行，这就是我游泳的方法。

孔子：请您再讲讲，习惯、习性和顺其自然。

那人：我生在高地就安于高地生活，这就是习惯；在水边长大就安于水上生活，久习成性，这就是习性；只知其然，不知其所以然，我就是这样子活到了今天，这就是顺其自然。

老庄孙子：随遇而安，因任自然，习以为常。所以，《易》，不要太精通。

五、至乐

本篇宗旨：何为至乐。主张效法自然，是庄子虚静无为思想在人生观方面的展开。借孔子之口教诲颜回：名止于实，义设于适。不可图名，更不可沽名钓誉，亦不能有江湖义气。名言：至乐无乐，至誉无誉。

庄子的至乐观：天下到底有没有至乐呢？有没有全身保生的方法呢？人活在世上为了至乐，到底应该做什么？不做什么？依据什么？回避什么？安于什么？趋就什么？放弃什么？喜欢什么？厌恶什么？

在我看来，普天之下（99%）人们所崇尚的无非是富有、尊贵、长寿、顺遂；所喜欢的无非是身体安逸、美味佳肴、漂亮服饰、美女成群、色彩艳丽、美妙音乐；所鄙贱的无非是贫穷、低贱、夭折、疾病；所苦恼的无非是身不得安逸、食不得美味、衣不得绸缎、眼不见美色、耳不听妙音等等。如果得不到这些玩意儿，就大大地不高兴、不开心、憋气、难受、痛苦甚或恐惧、痛不欲生。

这些只为表面的、外在的、形式的东西而苟且生存的人，不是呆子，就是愣子！

看看那些富人吧，整日间苦其心志、劳其筋骨、饿其体肤、蝇营狗苟、机关算尽，拼命做事，积攒下若干钱财，像守财奴一样舍不得吃、穿、用，待到一命呜呼，只可叹，钟鸣鼎食散一朝，空守昨日财；而那些所谓地位显赫的贵人们，则是没白没夜、处心积虑，宠亦惊、辱亦惊，优柔寡断、沽名钓誉，一旦失宠，无奈何，江山失去，命运他人宰。

人生之不如意事十有八九，悲伤哀愁与生俱来。勉强能多活几年的，不是病就是痛，糊里糊涂，生不如死，何其苦也！

那些所谓重义轻生（烈士）之人的壮烈行为确实让人佩服，但却失去了自己的宝贵生命。我不清楚这种作为到底是善还是不善呢？如果是善，却丢了自己宝贵的生命；如果说不善，却又使他人存活下来。

所以，有道是：忠言逆耳，谏之不听，真不如干脆缩脖靠在一边一声不吭。老庄孙子：《论语》之事君数斯辱矣，朋友数斯疏矣。《礼记》："为人臣者三谏而不听，则逃之；子之事亲，三谏而不听，则号泣而随之。"亲胜于君！

如若不然，就像伍子胥为了谏争只有自己牺牲，却也能清史留名；如若不争，不至于死，但也留不下什么清名。

如此说来，这世上到底有没有善呢？现在世俗上所追求的认为快乐的所作所为，我也不知道那是真的能带来快乐呢？还是真的不能给人带来快乐呢？

根据我的观察，世人的所谓快乐，大都是人云亦云，随大流，赶浪头，人乐亦乐，趋趋然，众人熙熙如享太牢、如春登台、昭昭察察，以为至乐。

我却不以为然，我认为这世上没什么可乐的，也没什么不可乐的。**老庄孙子**：乐与不乐均失中。

那么这世上到底有没有真正的快乐呢？依我之见，还是有的。我认为由无为而达到的那种恬静、淡泊、愉悦就是人生的至乐。**老庄孙子**：常、乐、我、净。

而世俗人之所崇尚的吃、喝、玩、乐、淫欲，不但不是乐反而是大苦。**老庄孙子**：苦、集、灭、道，存天理灭人欲。

所以，圣人云：人生的至乐就是既不过忧也不过乐（无乐，哀而不伤，乐而不淫：《诗经》），人生最崇高的荣誉就是无论取得多少功名都不需要赞誉（无誉）。**老庄孙子**：至乐无乐，至誉无誉。

在这里，我就恬静无为再啰唆几句。就拿天地做比喻吧，天是无为的所以才能清虚，晴空万里；地是无为的所以才能宁静，厚德载物；天地两无为之相合才能生长化育万物；惚兮恍兮，不知万物之所出；恍兮惚兮，不知万物之所去。万物繁衍，纷纷纭纭，这都是从无中来的。**老庄孙子**：无中生有。

细细品味天地之无为而又无所不为的道理吧！有几许人能参透这无为之道呢？**老庄孙子**：老子曰："吾道甚易知，甚易行，天下莫能知，莫能行。"一慨三叹！道家儒家各说了天的一面,同出而异名。

颜回自以为有了本事,打算到齐国去做官。**老庄孙子**:应是孔子晚年,70岁左右。

孔子面带愁容。

子贡赶紧站起来问安:学生斗胆请问老师,颜回都这么优秀了(是孔子第一高徒),他想到齐国为官,您却面有忧色,这是为什么呢?

孔子:好啊!你问得好。当年管仲有个说法,我很赞同。他说:小口袋是难以盛装大物件的,短绳子是不可能汲取深水的。之所以这样,是因为万物各有天性,人生有命,秉性是难移的。**老庄孙子**:与其汲汲于仁义莫若顺。

我担心的是,颜回会对齐王讲什么黄帝、尧、舜治国之道,还要说燧人氏、神农氏的主张。齐王听了,必然会反躬自问,与这些圣人相比较,自觉不可比又做不到,从而感到困惑狐疑,狐疑困惑则就可能迁怒于颜回,如果是这样,那颜回就离死不远了。**老庄孙子**:真理永远比不过王权,所以刘项从来不读书!齐国,是孔子伤心地。孔子是知道燧人氏、神农氏、黄帝之事的。

你子贡难道没听说过吗?从前,有一只海鸟飞落栖息在鲁国城郊,鲁国君王派人捉住了它。鲁君认为大大地吉祥,于是在太庙中大摆酒宴犒赏,给它奏最动听的音乐,给它吃国君认为最好吃的东西。但这只鸟晕头转向,局促不安,不知所以,不敢吃一块肉,不敢喝一滴水,三天不到就呜呼哀哉了!

渔之乐　无钩之钓

何以至此？这是因为养人和养鸟是不一样的，以养人之法养鸟必死无疑。如若以养鸟方式养鸟，则应该让它栖息在深林，游走在沙洲荒岛，浮沉于江湖之上，捕食泥鳅小虫，与鸟群同飞止，自自然然，随随便便。它最怕的就是人声，何况又用那些吵吵闹闹的声音挠扰它们呢？人认为的最好音乐（咸池、九韶），如演奏于旷野，鸟儿会惊吓、高飞，野兽会惊慌逃窜，鱼儿们则会鱼翔浅底，只有人才乐此不疲。鱼儿离不开水，人不会水则会被淹死。他们各有属性，好恶也不同。所以，古之圣贤治天下，因人而异，能干点什么就让他干点什么，各适其能，各得其所。天地造就万物，各有其名，名实要符。义者宜也，适可而止。这就叫把事搞顺，把理搞通，这样的人才能幸福长存。**老庄孙子**：颜回最适合文化传承，可惜早死。什么叫顺其自然？

六、秋水

本篇主旨：阐述事物的相对性和人的认识的有限性。主张：无以人灭天，无以故灭命，无以得殉名。借河伯之口讥讽孔子之短见。名典：河伯与北海若对话，鱼之乐。名言：望洋兴叹、井底之蛙、沧海一粟、秋毫之末、贻笑大方等等。

秋水至，百川灌河，河水漫沿宽阔，两岸不辨牛马。于是乎河伯（河神）欣欣然喜不自胜，以为天下之美尽揽己怀。顺流而下，直入北海，抬头一望，不见边际，为之一惊，惊吓之余，河伯对着北海之神若，望洋兴叹。俗话说：懂得上百个道理，就自以为了不起。说的就是我这种人呀！我曾听人说：孔子见识短，伯夷之义不算什么，起初，我是死活不信的。今天我看到这浩瀚大海，才知道什么叫贻笑大方！**老庄孙子**：《史记》"西门豹治邺"有河伯娶妇记载。

北海若谦虚地说：这大海与天地宇宙相比，就如一块小石之于泰山。这样算来，中国（中央之国）之于海内外也不过是沧海一粟。而人在万物中也仅占其万一，与天地宇宙相比如秋毫之末。所以五帝以禅让相传承，三王以武力相争夺，仁人所担忧的，志士所操劳的，尽在此中了！伯夷辞让以博取好名声，孔子高谈阔论以显扬己之博学，纯粹是自以为是，这就像你原来自以为黄河之水是天下水之至多至美者！**老庄孙子**：可与释迦牟尼恒河沙之喻比较。释迦可能没见过大海。

北海若又告诫河伯（因河伯可教）：圣人之行为，不伤天害理，更不伤人，也从不炫耀对人的仁爱、恩德；行动不图利，也从不瞧不起卑贱之人；不与民争利，也从不夸耀辞让之德；不假借人成事，也不表白自食其力的本事；自己不贪污，也不把那些贪污之人不当人看；行事殊俗，但也不刻意标新立异；入乡随俗，但也不与那些谄媚讨好的人一般见识。**老庄孙子**：小人需敬而远之（法治）。活脱脱一个维摩诘！

世间的高爵厚禄不足以劝勉他，刑罚耻辱也不能羞辱他。

他们深知是非是难以辨清的，大小也是相对的。他们的道行是：得道并不为人称道，大德之人看不出有什么所得（外物），智慧到了彼岸也从不表现自己（忘我、无执、无待）。这就算是简约到了极致了。**老庄孙子**：无为无不为境界，《周易》之简易。以道观之，物无贵贱。以物（人）观之，自贵而相贱。天道唯微，人道唯危。

孔子游学到卫国匡这个地方（公元前496年，孔子56岁），被卫国军队围困数匝，孔子犹弦歌不止。

子路进来请见：先生！都什么时候了，您还这么高兴？

孔子：小子！过来，我告诉你。我忌讳穷困已经很久了，始终不能摆脱，这就是命啊！我渴求通达也很久了，而志不得申，这就是时啊！

处在尧舜时代，野无贤人，并不是因为贤人有智慧；处于桀纣时代，朝无贤人，也并不是这些人没智慧。都是时势所迫。

在水中不怕蛟龙，是渔父的勇敢；在陆地不怕犀牛猛兽，是猎人的勇敢；战火纷飞，视死如归，是烈士的勇敢；知穷之有命，知道之有时，临大难而不惧者，是圣人的勇敢。

子路，你好好等着吧！我的命是有定数的！

没过多久，统领甲兵的将领进来，告之：不好意思，以为您是阳虎（恶人）呢，所以才包围您。现在发现，您不是，请接受我的道歉，我马上退兵。老庄孙子：时也，命也，运也。

七、缮性

本篇主旨：阐述人性复归的道德修养问题。批判天下混乱是由于智巧、礼乐的流行。主张以恬养智，以智养恬。给道、德、仁、义、忠、乐、礼下定义。德者，和也；道者，理也；德无不容，仁也；中纯实而反乎情者，乐也；信行客体而顺乎文，礼也。礼乐遍行则天下乱矣。

远古（原始共产主义，三皇之前，旧石器时代之前）之人，混沌淳朴，淡漠恬静，不汲汲于所求（无所求）。当是时，阴阳和静，鬼神不扰，四时顺遂，万物和谐生长，群生不夭，个别人（圣贤）虽有智慧但却无所用之，人与自然绝对统一，自然而然；道德衰败，世风日下，到了燧人氏（钻木取火），伏羲氏（先天八卦）主政之时（三皇时代，新石器时代，1万年左右），只能顺天下而为，不能实现天人合一；道德继续衰败，到神农、黄帝主政天下时，只能使天下安定却不能同万物、顺民心；道德继续衰败，到了唐尧虞舜主政天下之时，开始治理天下，使人性淳厚变浅薄，质朴之性离散，背离大道而求仁善，危害德行追求时尚，人们丧失本性而随心所欲。

大禹之后，家天下开始，阴谋横行，心与心斗巧，人与人斗智，天下难以治理，不得已，施行礼义教化，开始辨事论非。礼仪过于形式而失去本根，人心沉溺于狡辩、虚华，自此以后，天下大乱，没有办法再让人回归淳厚质朴的本初。**老庄孙子**：人之初，性本善（恶），只是一说。性相近，习相远才是孔子本意。其实孔子也是"性本空"。

远古之人，身行天下，不以狡辩为智慧，不用智巧去祸害天下，不以智谋败坏德行，不以聪明坏道，独立不改，周行不怠，一以纯朴为德，此外再无什么可作为的。端正自己（诚心、正己、修身、率性、清静乃为天下正），仅此而已。人与自然的高度和谐，这是远古之人所谓的得志。并不是现代人所追寻的冠冕堂皇，高官厚禄。这些都是身外之物，暂寄于你而已，不是人为能左右的。不要为了这些玩意儿而放纵心志，也不要因为贫困而低俗献媚（富贵不能淫、贫贱不能移、威武不能屈）。有修养的人一视同仁，故无忧。所以，古人云：丧己于物（被物化、异化），失性于俗（为五斗米折腰），这是典型的本末倒置之人。

八、刻意

本篇主旨：阐述养神之道，不要刻意妄为，讲究内在修养，不要被功名利禄酒色财气智谋诈伪等外在东西所困惑奴役。恬淡寂静，精神内守，纯一不杂。批评仁义忠信的人为修养。

天下有多士。

刻意尚行，离世异俗，高谈阔论，怨天诽人，只是为了标新立异，这是山谷之士。

到处宣扬仁义忠信，温良恭谨让，名曰修身，这是所谓治国平天下之士。**老庄孙子**：儒士。

好大喜功，立功、立言、立德，讲究君臣礼教、尊卑贵贱、理顺上下关系，为统治者服务，这是朝廷之士。

隐于高山大川，湖泊江河，闲情逸致，整日无钩钓鱼，无所事事（无为），这是江湖之士。

吹气呼吸、吐故纳新，像熊鸟一样练习，只为长寿而已，这是导引之士。

如果不刻意而为，无仁义可修，没功名可立，无江湖之闲，不导引而寿，无为而无所不为。淡泊宁静，无执无待（无极），而众美从之，这才是天地之正道，圣贤之大德。

所以说，悲痛、欢乐，不得其正，是德之邪；欢喜、愤怒，不得其正，是道之过；偏好厌恶，不得其中，是德之失；内心无忧无虑，不喜不悲，恰到好处，恬静愉悦，这才是有德者的表现。**老庄孙子**：喜怒哀乐之未发，发而皆中节。

虚极静笃，不以物喜，不以己悲，宠辱不惊，纯粹不杂，持神守一，见素抱朴，抟气致柔，淡泊无为，动以天行（法阴阳、懂四时、遵五行），这才是养神之道。

九、天运

此篇旨在法天道而行人道。与时俱化，因任自然，无为而治。老子、庄子一起批判"孝悌仁义，忠信贞廉"！孔子评价老子：其犹龙乎？妙语：相濡以沫。典故：涸泽之鱼、东施效颦。**老庄孙子**：孔子对老子的最高评价！孔子受老子的影响最大。闻道于此。庄子是孔子的千古第一知音，评价孔子：圣人，内圣外王，六通四辟，小大精粗，其运无处不在。也是最知颜回者，有人说庄子得颜回真传，然也。

宋国太宰（官名）荡向庄子请教什么是仁？

庄子回答：虎狼也有仁心。**老庄孙子**：虎毒不食子。

太宰惊问：你什么意思？

庄子：父子相亲爱，为何不是仁？

太宰：那请问什么是至仁？

庄子：至人无亲。**老庄孙子**：天地不仁，以万物为刍狗；圣人不仁，以百姓为刍狗。圣人无常心，以百姓心为心。六亲不和有孝慈。国乱出忠臣，家贫出孝子。

禅茶一味

太宰：我听说，无亲则不爱，不爱则不孝，至仁不孝，可以这样说吗？**老庄孙子**：道不同，不相为谋。

庄子：不能！至仁是高尚的。**老庄孙子**：老子之上仁为之而无以为之。

孝则不足为训。这不是在批判孝，而是说你的这种说法不足以说明仁。**老庄孙子**：孝是孔子仁的最重要表现方式。

这好比到南方郢（楚地）去旅游而见不到北方的冥山，为什么？是因为相去甚远背道而驰的缘故。所以说，从形式上去孝容易，但要发自内心的去孝难。**老庄孙子**：孔子之色难。

以爱去孝易，以忘怼亲人去孝难。

以忘亲去孝易，能使亲人忘怼自己则难。

使亲人忘我去孝易，能够忘怼天下却难。

兼忘天下易，使天下人都能忘怼我很难。**老庄孙子**：与其相濡以沫，不若相忘于江湖。至孝也！可与孔子、曾子《孝经》相比较。

所以尧舜不刻意以德行名扬四海，为人民施惠万世功德，却不希望天下人知道，这才是境界。又何须嗟叹不已汲汲于仁孝呢？

所谓孝悌仁义，忠信贞廉，都是人们为博取修德的好名声所役使而刻意勉为其难的，不值得推崇称道！

所以说，至贵弃爵，至富弃财，至愿弃名，用以达到道德纯厚，不随物变的境界。**老庄孙子**：不以物喜，不以己悲，宠辱不惊。

孔子到卫国游学（68岁以后）。颜回去请教鲁国太师金：孔夫子此行会怎样？

太师：可惜啊！孔子之道难行于世。

颜回：为什么？

太师：刍狗（为祭祀而扎的草狗）未用于祭祀前，用竹箱装起来，以绣巾覆盖，高贵无比。但等祭祀后，乱弃于地，过路人随便践踏，打柴人拿回去烧火，卑贱无比。如果有人又把它捡回来像祭祀前一样，盛以竹筐，盖以文绣，出游归来睡其脚下，不梦则已，梦必被鬼神困扰。现如今，你们孔夫子也只不过是捡取先王（祖述尧舜、宪章文武）已祭祀用过而弃的刍狗而已，斋戒沐浴，盛以竹筐，盖以文绣，还聚集3000弟子、72高徒，寝居其下，不是愚不可及吗？

他之所以在宋国遭伐树之辱，在卫国被削去足迹，困扰于周，难道不是在做噩梦吗？被围困于陈、蔡国之间，7天不能生火做饭，与死神为伴，难道这不是被鬼神困扰吗？

水行用船，陆行用车，这是常理。反之要推船在陆地上行走，一辈子也走不了几步。

古代和现在是水和陆吗？周朝初期和现在的鲁国是船和车吗？现求行周礼于鲁国，不就像陆地上推船吗！不但劳而无功，而且身必有殃。**老庄孙子**：见孔子所谓"遗言"。

孔子不晓得把握中枢以应无穷的道理，难道还没见过桔槔（古代用杠杆原理制成的提水机械。见子贡与菜农《天道》章）吗？拽它就下来，松手就上去。它是被人牵引的，而不是用来牵引人的！所以它的起落都不会得罪人。**老庄孙子**：

70

孔子之人能弘道、非道弘人。

所以说，三皇五帝的礼义法度，不是为了追求同一，而是用于治世。打个比方：三皇五帝的礼义法度，就像山楂树、梨树、橘子树、柚子树，所结之果实，味道虽不同，但均可口。所以，礼义法度，应与时俱变。

现在如果把猴子抓来给它穿上周公的礼服（衣冠禽兽），它一定会牙咬爪撕，全部脱去后才快乐。古今之异，就像猿猴之异于周公。

因此，西施心口疼而皱眉，人人觉得凄美，丑女东施也以为美，回到家后也捧着心皱着眉行走于乡里。其结果，富人见了紧闭门户，穷人见了避之唯恐不及。这是因为，东施只知道皱眉，却不知皱眉为何美。**老庄孙子**：只知其然，不知其所以然。

可怜啊！孔子之道难行于世呀！

孔子51岁时，还未闻道。于是前往楚国沛地拜见老子。

老子：你来了？我听说你是北方的贤者，你也得道了吗？

孔子：我还没得道。

老子：你是从何处入手求道的呢？

孔子：我先求之于度数（天文、地理、数术），5年不可得。

老子：那你又从何入手呢？

孔子：我又求之于阴阳，12年不可得。**老庄孙子**：可见孔子是渐悟。其实孔子69岁时还未彻悟。

老子：是啊！如果道是可奉献的话，则人们一定会呈献给君王；如果道是可进献的话，则人们一定会进奉给父母；如果道是可以告之的话，则人们一定会告之于亲兄弟；如果道是可遗与的话，则人们一定会留给子孙。

然则不然，无他，主心于内，行正于外。道由内出，不为外界所左右，圣人施之；事由外入，不合于心，圣人不纳。名誉是天下公器，不可以多取；仁义只是先王的住所，只可一宿不可久居。仁义过多地昭示于人则会招致更多责难。**老庄孙子**：观孔子一生可知。外圆内和，形不欲入，和不欲出。

古圣先贤，假道于仁，寄情于义，以游逍遥之虚境。自耕自食，种菜也不是为了交易（自足而已）。逍遥就是无为，俭朴就容易生存。没有交易，就不会有出入（产生心机）。**老庄孙子**：没有买卖就没有伤害。

在远古时代，这些被称之为不为外物役使，逍遥游于自在的广漠之野。**老庄孙子**：庄子"逍遥游"也源于老子。

反之，以富贵为目的者，不能让禄；以显扬为目的者，不会让名；权欲熏心者，不可能授人以权柄。

这些人，操纵权力时战战兢兢，丧失权力时悲哀不已，没有定性，争斗不止。所有这些都是要遭天谴的。**老庄孙子**：孔子说自己是天谴之人。

憎恶、慈爱、剥夺、赐予、劝谏、教诲、好生、处死这八项是规范人与社会的手段，只有遵循大道之变而不滞碍的人才能正确应用。

所以说，政者正也。**老庄孙子**：以正治国，以奇用兵，以无为取天下。端而虚。

不然，心术不正者，上苍都不会眷顾护佑，何况其他。

老庄孙子：陈平是也。

过了几天，孔子又去拜见老子，和他探讨仁义。

老子说：就像播扬米糠迷了眼睛，会觉得天旋地转，没有了方向。蚊虻叮咬，心烦意乱，通宵不能入睡。仁义亦如此，毒害搅扰人心，害莫大焉。要想使天下人不迷失本真，你就应率先像风一样顺势而行。**老庄孙子**：《论语》之君子之德风，小人之德草，草上风必偃。

执德而立。**老庄孙子**：《论语》之为政以德，譬如北辰，居其所而众星拱之。

又何苦费心费力汲汲于仁义之宣扬，这无异于敲着大鼓追捕逃犯，费力不讨好。

你没有看到吗？天鹅不必每天洗澡，羽毛永远是白的；乌鸦无须每日染色，羽毛永远是黑的。黑白本就如此，何须

君子之德风　风化

辨别。名誉再大，也不能对人的本性有任何影响。**老庄孙子**：举世皆誉而不加劝，举世皆辱而不加沮。

给你讲个故事。泉水干涸了，两条鱼被暴露在陆地上，相互吹气给对方以一点能活下来的湿气，相濡以沫使双方存有一点点无奈的生机，苟延残喘。与其如此，真不如相忘于江湖，两不相干，优哉游哉，快乐连连！

孔子回到住地，情绪郁闷，三天不说话。

弟子问：先生去见老子，是怎么规劝他的？

孔子：我终于见到真龙啦！合则成体，散而成章，乘云吞雾而养乎阴阳，看得我惊诧、惊呆，张口结舌，不知所以。我又怎么能去规劝人家呢？

子贡抢先说：难道真的有这样的人吗？尸居龙现，渊默雷声，发动时如天地之变幻莫测。**老庄孙子**：子贡懂《易经》。

不行！我得去看看！于是打着孔子的旗号去拜见了老子。

这时，老子伸腿坐在堂上，小声说：我年纪一大把了，小伙子有什么教诲我的吗？

子贡：就说三皇五帝吧！他们治理天下的方法虽有不同，但都是声名卓著，道德崇高。可先生非要说他们不是圣人，这是为何？

老子：小伙子，请靠前一点。三皇五帝之治不同在何处？

子贡：唐尧禅让虞舜以一。**老庄孙子**：允执厥中。何为三皇五帝？

舜又禅让给禹。**老庄孙子**：人心唯危，道心唯微，唯精唯一，允执厥中。

夏禹用力治水而商汤用兵打天下，周文王顺从殷纣王而不敢忤逆，周武王讨伐纣王而不顺从。所以说各有不同。

老子：来，小伙子，再靠近点，让我来告诉你三皇五帝之治天下。

黄帝治天下，人民心地纯朴、单一，民间有父母死而不哭者，别人并不责难他；等到了尧治天下，亲爱父母、慈爱子孙，民间有为了自己的亲人而杀了该杀的人，别人也不去责难他；到了舜治天下，民众开始有竞争之心，民间孕妇十月怀胎一朝分娩，出生5个月就会说话，还不会笑时就让其分辨人物，自此夭折丛生；到了禹治天下，人心开始机智权变欺诈，动用武力以顺天道，杀死盗贼罪有应得不算杀人。自此，家天下开始传承，私有开始，私欲盛行。**老庄孙子**：禹授天下于其子。

自此以降，天下大乱，儒墨并起。定礼乐、正人伦，初始以敬，到后来就像女人讨好男人一样，巧言令色，谄媚奸佞，无所不用其极，还有什么可称道的呢？**老庄孙子**：老子之"礼者，道之华而乱之始"。

我告诉你，三皇五帝之治天下，名义上说是治，实际上是乱莫甚焉！三皇之智，上悖日月之光明，下逆山水之精华，中毁四时之运行。他们的这些智巧比蝎子尾巴、未经驯化的猛兽还要惨毒！让人们性命之情无法得以安定、宁静！还以为是圣人，真是见过无耻的，没见过这么无耻的！**老庄孙子**：

老子更知三皇五帝。极珍贵的史料!

子贡听后显得惊慌不安,不知所措,诚惶诚恐。老庄孙子:可惜了,子贡!见了老子也终生未悟道。

孔子晚年又去拜访老子,说:我删《诗》《书》、定《礼》《乐》、修《春秋》、赞《周易》,我已经研究很久了,自以为精通了,并以此游说直言犯谏72位诸侯国君,不厌其烦地给他们讲述先王之道,周公、召公的所作所为,结果,没有一个人听信取用的!这不是太过分了吗?人君之难以说服,大道之难以明晓,莫过于此!老庄孙子:更宝贵的关于孔子的史料!

老子:你太幸运了!多亏没有遇到你所谓的治世明君。所谓《诗》《书》《礼》《乐》《易》《春秋》,不过是先王的陈芝麻烂谷子,哪里是什么大道啊!今天你所说的也是陈规陋俗。

所谓足迹,是鞋踩出来的,能说足迹是鞋吗?更不用说人穿鞋而踩,足迹因人而异。老庄孙子:六经不是孔子专利,他只是删、定、修、参赞、演绎!

你可知?有一种叫白䴉的鸟,雌雄相视,感其神而受其孕;有一种虫,雄虫鸣于上风,雌虫应于下风感其声而受孕。老庄孙子:2012年科学家发现一种距今8000万年的蛭虫,无须性交便可受孕完成DNA的传递。

究其理,同类生物雌雄相互感应,化而受孕。所以说,江山易改、禀性难移,天命不可变,四时流行不能停止,大道广阔不可壅塞。老庄孙子:孔子曰"天命之谓性,率性之谓道，修道之谓教"。

能得大道者，无往不通，失去大道者则无路可走。**老庄孙子**：老子还说"大道甚夷而民好径"。

回到住地，孔子三个月不出门用以反省悟道。然后再次去拜见老子，说：我得道了！乌鸦是孵化生子，鱼是通过口水受孕，细腰蜂蜕化青虫而为子孙（化生）。有了弟弟，哥哥怕失去父母之爱而哭涕。我孔丘不能与时俱变死脑筋已经太久了！不能自化，安能化人？**老庄孙子**：所以，孔子绝不会说"人之初，性本善"！

老子：可以了，你得道了。**老庄孙子**：孔子是参赞天地之化育，不是变革，更不是革命！人法地，地法天，天法道，道法自然，自然而然。法尔如是。回光返照观自在，普度众生观世音。内圣外王。

十、天道

此篇主旨以天道论人道。主政者以天道，辅政者以人道，无为与有为。重点批判"仁义礼智"。经典之句：通乎道，合乎德，退仁义，宾礼乐，天下定矣。

先古洞明大道之人，以天道（自然之道）为最，不得已才道、德、仁、义、礼、名、因任（因人而异，选贤任能）、原省（考核、省察、溯源）、是非、赏罚等次第而行。

虞舜曾问唐尧：您平时最用心在何处？

尧：我从不慢待求告无门之人，不抛弃穷苦的百姓，悲悯死去的人，嘉许亲善孩子，同情爱惜妇女。这就是我平时最用心关注之处。**老庄孙子**：国家与统帅的职责！

舜：是够美好的了，但还不够宏伟、广大。**老庄孙子**：尽美不尽善。

尧：此话怎讲？

舜：以天道而行，德行广大，天下安宁。就像日月之普照，四时之运行，昼夜之更替，云行而雨施那样自然而有常法。

尧：等一等，脑子有点乱，让我想一想。哎！明白了，您是与天道相合，而我仅仅是与人道相合。**老庄孙子**：舜不仅仅以孝治天下！

所以，天地之大，黄帝、尧、舜共法之、赞美之。古代能王于天下者，靠的是什么呢？效法于天地而已矣！仅此而已！**老庄孙子**：观天之道，执天而行，尽矣。执大象，天下往。

孔子准备西行藏书于东周国家图书馆。**老庄孙子**：应是晚年，整理完善六经之后，70岁以后。

子路出主意：我听说东周国家图书馆馆长老聃（老子），已退职归隐，您想藏书，是不是先去拜访一下他？

孔子：好！

于是前往拜访老子。结果老子不同意，不愿帮这个忙。没办法，孔子只好苦口婆心地给老子做工作。讲解六经（诗、书、礼、易、春秋、乐）要义，不厌其烦。

老子不耐烦，打断孔子，不客气地插话：你说得太烦琐！请简明扼要！

孔子回答：关键是仁义二字。**老庄孙子**：可见，孔子70

岁了还未悟道!

老子:请问仁义是人的本性吗?

孔子:是,君子不仁则不成其为君子,不义则难以生存。仁义确实是人的本性,除此之外再无其他!

老子:请问,何谓仁义?

孔子:心地中正,与物和悦,兼爱万物而无偏私,这就是仁义的实质。**老庄孙子:心中物恺,兼爱无私。**

老子:噫!你根本没说到点子上!所谓兼爱,不是太迂腐了吗?所谓无私,其实就是自私!你是真的不想让天下之人失去养育生存的环境吗?天地本来就如此,日月本来就明亮,星辰本来就有其序列,物以类聚,兽以群分,都是本来如此。你只管依德而行,循道而趋,就完全可以了!**老庄孙子:道、德确实高于仁、义。**

又何必费尽心机、竭尽全力高举仁义大旗到处鼓吹张扬,这无异于击鼓去追逃犯(见"天运章")!唉!你真是在扰乱人性啊!**老庄孙子:老子之"固",必也,本来也,绝非故意!欲擒固纵,将欲弱之,必固强之等等。**

十一、天地

本篇主旨以天地论无为而治的政治思想。社会发展、人类道德之所以一代不如一代,关键是君主(领导)之无道无德而妄为。批判尧的错误养德观,批判禹的以赏罚为事、德衰而不仁不义,批判名家之诡辩,批判儒家之机心以及孔子

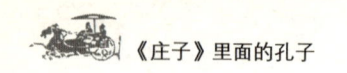

之假圣、假仁、假义、假名。

尧到华地巡访，华地封人向他表示祝贺：你好，圣人！请接受我对你的祝福，祝你长寿。

尧：不必了。

华封：祝圣人富贵。

尧：不必了。

华封：祝你多子多孙。

尧再拒。

华封：长寿、富贵、多子多孙，是人人所欲求的，你独不欲，为何？

尧：多子多孙则多惧，富则多事，寿则多辱。这三者，于修身养德是不利的，所以，我要拒绝。

华封：一开始我也以为你是圣人呢！现在看来，你顶多算是个君子。

天生万民，必授其职，多子多孙而授予每人应有的职责，何惧之有？

富有而多施舍于人，何事之有？

所谓圣人，就像鸟一样，居无定所，自由觅食，飞行而不留痕迹。天下有道，则与万物一起昌盛繁荣；天下无道，则修德隐居。活上一千年觉得人世间没什么意思了，那就羽化登仙，乘云驾雾而入于无何有之乡。三患莫至，身常无殃，何辱之有？**老庄孙子**：三患，因长寿、富贵、多子多孙带来的祸患。

说完华封转身离去，尧紧追不舍，想继续请教，华封大

第二章 《庄子》外篇中的孔子

声怒斥:离我远点!**老庄孙子**:既以为人己愈有,既以与人己愈多。

等到禹治天下,有一位叫伯成子高的人辞去诸侯之位而闲耕于野。

禹诚惶诚恐,三顾茅庐拜请之:过去,尧在位治天下,您贵为诸侯。等我上任时,您却退位躬耕,这是为什么呢?

子高:从前,尧治天下,不用奖赏,百姓、百官都很尽力;不用惩罚,百姓、百官都很畏惧。

现如今,你滥用赏罚,而百姓不仁,道德自此而

人生一世 草木一秋

衰落,刑罚自此而建立,这就是后世必然混乱的根源!你赶紧走吧,不要耽误我的农事!

于是乎,伯成子高专心致志耕作而不再理会大禹。

有一次,孔子向老子请教:有这么一种人,看上去像是在治道,而实际上却是背道而驰。整日间辩论"可不可、然不然。离坚白、若悬寓",诸如这类人算得上圣人吗?**老庄孙子**:说的是名家即逻辑学。

老子：这不过是劳形怵心，玩弄雕虫小技而已。狗因为被拴拘而恼怒，猿猴因为卖弄灵巧而被捉拿。**老庄孙子**：老子也曾以此说过儒家。

　　来，孔丘，我告诉你闻所未闻的道理："有头有脚却无知无闻的人是绝大多数，而身心与无形无状之大道相合者绝无仅有。动、静、生、死、废、兴等等的对立统一、相互转变，都是因任自然的。如果人为干扰则是人治（人为者伪）。忘记外物、忘记自然、忘记自己，从而天人合一而融于大道，则无为无所不为矣。"**老庄孙子**：四大皆空。大乘。

　　子贡到楚国（楚地多老子一派，孔子晚年事）游览，返回时路过汉阴，遇一老人在浇地，只见老人在井的旁边挖一隧道，抱一大罐取水，费了很大的力气，却浇不了几畦地，事倍功半。**老庄孙子**：舜因此而逃生。

　　子贡不忍心，走了过去，告诉老者：老人家！有一种机械，一天可以浇地百畦，事半功倍，您老人家不想用用吗？

　　老人抬头漫不经心看了看子贡：是什么东西？

　　子贡：凿木做成机械，后重前轻，提水就像抽水，快的就像连续扬汤，名字叫桔槔。

　　老者听后愤然作色，讥笑子贡：我听我的老师讲，能制作机械的人，里面必然有机巧（技巧），有机巧必然是因为设计那个人有机心。如果机心（心机）总存于胸中则会破坏污染人的纯朴和真诚，纯洁素朴被玷污了则会心神不定，精神恍惚不得安定，这是有道者所不齿的。小子，我不是不懂，是耻于为之。**老庄孙子**：是为了明心见性，而非反对科学、

第二章 《庄子》外篇中的孔子

技术!

子贡听后,羞作惭愧、低头无语、不知所措。过了许久,老者问:你是干什么的?

子贡:我是孔丘的弟子。

老者:你就是那位自以为博学而圣明,盛气凌人以为出类拔萃,弦歌不已以沽名钓誉的孔丘的弟子吗?告诉他赶紧忘掉他那股高傲卖弄的神气,堕形忘骸,庶几于道。连自己都闹不清,何谈治国平天下?你快走吧,不要再耽误我做事!

子贡愧疚自失、丧魂落魄,走了三十多里路才稍有缓解。他的弟子问:刚才那是什么人呀?先生何故见到他而变容失色,郁闷一整天呢?

子贡:我自以为天下唯有孔夫子是圣人,不可能再有第二人。孔夫子教诲我们"办事求可行,功业求可成,用力少而见效大的,才是圣人之道"。今则不然,看到这位老人才发觉,只有有道者才能德全(全德),德全者才能形全(全形),形全者才能神全(全神),神全者才是圣人之道。

托天地(父母)之福来到这个世上,与其他人一样只知其然,不知所以然,昧然茫然,醇和朴实,无功利机巧之心。像这样的人,一心志于大道,即便全天下人都赞誉他,且又与他的心志相符,他也会傲然不顾;即便全天下人都侮辱他,且又与他的心志不相符,他也会处之漠然(举天下誉之而不加劝,举天下侮之而不加沮)。天下非、誉于他无任何损益,这就是全德之人啊!我这类人则是草上风、水上波,墙头草、随风倒，随波逐流之辈。

子贡回到鲁国，将此事告诉了孔子。

孔子：那是借混沌之术修行的人。抱元守一，不二法门。修身于内而无暇于外。世事洞明，纯洁、素朴，无为而为，载营魄抱一，用以游乎世俗之间（以出世之心作入世之事），这样的人，你肯定感到惊异。至于混沌之术，不是我和你这样的人所能够认识的！**老庄孙子**：见《庄子》"应帝王"篇之混沌说。世事洞明皆学问，人情练达即文章。子贡多次贬孔子。每贬一次其境界便高一层。

十二、在宥

在者，悠游自在；宥者，宽容自得。本文主旨：闻在宥天下，不闻治天下，是自由、平等、民主之滥觞。批判仁治、法治、赏罚、礼仪、教化。批判尧治天下，使民众欣欣然快乐过了头而不能恬静；批判桀治天下，使民众疲惫困苦而不能愉悦。此两者都不是治国安民的好办法，悦仁而乱德，悦义而悖理，悦礼而助技，悦乐而助淫，赏罚为事，人不得安于性命之本，所以不能长久。**老庄孙子**：孔子是以仁义治天下，更何况打天下。

崔瞿（儒家代表人物）求教于老子：不治理天下，如何使人心向善？**老庄孙子**：向善，儒学的根本。

老子：你要注意！千万不要扰乱人心。人心就像泰卦和否卦，否极泰来，泰极否来，这两极处理不好，柔顺之生则

致中和

会变为刚强而死。**老庄孙子**：老子通"易"。致中和。

热如焦火，寒若凝冰，思绪飘忽不定，静如死灰，动若脱兔，桀骜不驯，最难降伏的就是人心！**老庄孙子**：黄帝也说过这样的话。所以孟子说的是顿（钝）心忍性，而非动心忍性！

过去黄帝以仁义扰乱人心，于是乎尧、舜、禹忙乱的大腿无肉、小腿无毛，以养育天下之人。为了仁义而愁其五脏，为了法度而费尽心机，然而还是不能安稳天下。于是尧没办法放逐灌兜于崇山，投放三苗于三危山，流放共工于幽都，就是这样，也未能治理好天下。

及至三代之末，天下就更乱了。下有夏桀、殷纣、盗跖，上有孔子、曾参、史鱼，从此，儒家墨家等百家疯起。于是乎，喜怒相疑、愚智相欺、善恶相非、诞信相讥，天下日趋衰落。德之不存，人性泯灭，天下好智巧，百姓竭其心，于是"发明"了斧锯用以砍锯大树，"发明"了绳墨用以规矩器物，"发明"

了椎凿用以穿凿构筑。

人心不古，天下纷乱，其罪之大在于扰乱人心。致使贤人俊士远避深山老林而唯恐不深，万乘之君王在王庭之上忧愁、战栗、恐慌。被以各种罪名处死以及战死者堆积如山，戴手铐脚镣者封堵于市，受各种刑罚之人遍地都是。

儒墨之徒这时才匆忙高举"仁义""兼爱"大旗，磨顶放踵兜售于犯人、百姓、君王之间，却不觉得惭愧羞耻！岂不知，所谓圣智就是镣铐的锁钥，仁义就是枷锁的孔轴，而孔子、曾参、史鱼恰恰就是夏桀、殷纣、盗跖的至圣先师！

所以，绝仁弃义，天下才能太平，绝圣弃智，民众才能归于朴鄙。**老庄孙子**：庄子赞扬孔子已绝圣弃智。

十三、胠箧

胠者，撬也；箧者，箱也。本篇宗旨从源头上掊击了被所谓圣人创设的仁义礼智法度等，恰恰是为江洋大盗们准备的，是祸乱的根源，必须绝弃。名句：窃珠者诛，窃国者为诸侯，诸侯之门而仁义存焉。圣人不死，大盗不止。绝圣弃智，大盗乃止。弃玉毁珠，小盗不起。焚符破玺，而民朴鄙。等等。振聋发聩，引人深思。**老庄孙子**：善恶都是相对的。

鲁哀公14年（公元前481年，孔子70岁），齐国以圣人之法治理国家，人民众多，方圆二千余里，立宗庙社稷，划地而治。邻里相望，鸡犬相闻，张网捕鱼，精耕细作，人民安其居、甘其食、美其服、乐其俗，天下太平。

然而田成子一旦造反杀其君而盗其国，所盗窃的又岂止是齐国呢？他连同圣智仁义之法一同盗得。致使田成子虽有窃国大盗之名，但却身处尧舜之安，小国不敢非议，大国不敢诛伐，绵延十二世拥有齐国。这难道不是既盗国又盗法，且用所盗之圣智礼法来守护他这个盗贼之身吗？**老庄孙子**：事有凑巧的是，美国1999年议会废除了1933年《格拉斯—斯蒂格尔法案》，该法案规定一般商业银行不得从事投资银行那样的投机生意。不然，目前（2012年）的国际金融危机（已第5年）也许就不会发生。原因是华尔街太强大了！正如布热津斯基所说：在失控和可能仅为少数人自私地谋取好处的金融体系，就是这么"合法地"建立起来。这是制度性的腐败，也是最大的腐败，它的效果也无异于"窃钩者诛，窃国者为诸侯"。西方的打法不可能长久！特别是用达尔文的牲口哲学，资本主义至胜等等！资本主义，直白地讲就是金钱万能！

还有，古之四大贤人（孔子所极力推崇之人），夏桀之贤人关龙逄，殷纣王之贤人比干，吴国之贤人伍子胥，周灵王之贤人苌弘（大音乐家），分别被斩首、剖心、赐死、裂腹。

这样的贤人都不能免于杀戮，所以盗跖的徒弟问盗跖：盗亦有道吗？

盗跖呵斥：哪里会没有呢？

猜测室内有无珠宝钱财，那就是圣。

率先进入，那就是勇。

最后一个出来，那就是义。**老庄孙子**：义气之义。

知道是否可行，那就是智。

分赃均匀，那就是仁。

此五者不具备，是不可能成为江洋大盗的！

由此观之，善良的人没有圣人之道不可能立于世，大盗不得圣人之道亦不能行于世。然而，天下却是恶人多善人少。所以圣人（连圣人之道）是害天下多、利天下少。这就是唇亡则齿寒、圣人生而大盗起的道理。打倒圣人，削曾史之行，钳杨墨之口，攘弃仁义，释放盗贼，天下方能太平。

十四、马蹄

此篇主旨倡导自然而然，无论是人性还是治理天下。批判伯乐之识马与驯马。批判儒家：毁道德以为仁义，曲折礼乐以医天下之形，悬企仁义以慰天下之心，虽有善良之心但结出的却是汲汲好智、争名夺利等恶果，从而导致天下大乱。

原始至德之世（原始共产主义），日出而作，日落而息，同与禽兽居，族与万物并，纯素质朴，不知有君子与小人。天下太平，万物和谐。

到了圣人出现。**老庄孙子**：自黄帝始，尧、舜、禹、周文王、周公、孔子等等，所谓文字与文明的出现。仓颉造字，鬼哭神泣。

汲汲于仁，悬企于义，致天下人疑惑不解；人们纵逸行乐，礼仪始制，天下开始有了是非分别。

所以，有道者开始质疑：不砍伐天然的檀木、红木、楠木，谁又能制售华丽的酒樽？

不雕琢璞玉，谁又能制售精美的玉璋？

道德不废，又哪里用得上仁义礼乐？

五色不乱，哪里用得上文采？

五音不乱，谁又需要六律？

所以，摧残璞玉以为器具者，是工匠的罪过；害马之性而使之为役，是伯乐的罪过；损毁道德以为仁义者，是圣人的罪过。**老庄孙子**：见孔子论礼运大同。

十五、骈拇

骈拇是指拇指和二趾连长在一起。本篇主旨是自然（天然）之人性，任由人的本性自然发挥、发展，不可妄加干涉。批判三代以来，人们"莫不奔命于仁义，招仁义以扰天下"。主张摒弃仁义、名利，返璞归真。名句：凫胫虽短，续之则忧；鹤胫虽长，断之则悲。主张适可而止。

庄子评论，仁、义、礼、智、乐均不是天下之正道。五色过了头，令人目盲（用眼过度）；五音过了头，令人耳聋；驰骋田猎令人心发狂。**老庄孙子**：《老子》第十二章。庄子极通《老子》。

过于宣扬仁义，则蔽塞人的自然本性；天下人汲汲鼓簧于礼法而不可得。有人提出质疑：难道仁义不是人之常情吗？那些仁人志士在庙堂之上则忧其民，在江湖之远则忧其君，忧国忧民，大慈大悲！**老庄孙子**：范仲淹。

岂不知，两个脚趾长在一起，切开它则会痛哭流涕；多出来的六指，割掉它也会啼泣悲苦。此两者，或者是二而一，或一而二，可是作为忧虑却是一回事。

那些"仁人志士"们，半闭着眼睛在那里忧之患之；而那些不仁之人，却在不惜性命去饕餮富贵。所以说仁义并不是人心本性。

尽管如此，三代（夏商周）以来那些绳索于道德，喧嚣于仁义的人、事却从来未停止过。天下惑乱，致使小人以身殉利，志士以身殉名，大夫以身殉家，圣人则以身殉天下。这些人，虽然事业不同，名声异号，但其伤性害理以身为殉却是一样的！**老庄孙子**：不能伤天害理，也不是灭绝人性。诸如朱熹之存天理，灭人欲，是过犹不及；王阳明的仅为良知也不妥；还有墨家的全心全意为人民服务，杨朱之拔一毛利天下而不为，佛教的无君无父无子等等。还是"少私寡欲，见素抱朴。为善毋近名，为恶毋近刑。缘督以为经"来得好。

第三章
《庄子》内篇中的孔子

一、应帝王

本篇主旨：无心而任乎自化者，应为帝王（老庄的终极目标还是用世）。主张帝王应无为而治，顺随人之本性，治大国如烹小鲜，以百姓意志为意志（以民为本，圣人无常心，以百姓心为心），与民休息，不滥加干涉、滥施聪明和法度。批判儒家等有为政治的危害和灾难。名句：游心于淡，合气于漠，顺物自然而无容私。无为名尸，无为谋府，无为事任，无为知主。典故：混沌之死。

虞舜治国不如唐尧以前圣人（如伏羲、神农、黄帝等）之治国。虞舜怀藏仁义用以统治百姓，虽然也能得到人心，但未能摆脱外物（包括仁义）的牵累。**老庄孙子**：一个孝字就已经偏了。曾子亦然。

古之圣人，睡时傻傻地无忧无虑地安然躺下，醒时则心清气爽慢慢地起来，优哉游哉。**老庄孙子**：诸葛亮"大梦谁先觉，平生我自知。草堂春睡足，窗外日迟迟"的味道。

任人视自己为牛马（名而已矣），他们的智慧和德行纯真朴实，没有任何外物的牵累。**老庄孙子**：老人也任人称呼牛马。

肩吾（人名，隐士）见到楚狂接舆（人名，隐士，《论语》中有记载），接舆问肩吾：日中始（人名）有什么教导我们的吗？

肩吾：他说，君主制定法度，臣民谁敢不执行从而被教化呢？

接舆：这是欺骗人心的德行！如果这样去治理天下，无异于在大海里凿河、让蚊子去背泰山。所谓圣人之治，难道是靠法度等外在的东西来治理天下的吗？绝对不是！关键是正己及人。**老庄孙子**：孔子之为政以德，譬如北辰，居其所而众星拱之。依法治国仅仅是个底线。清静（净）乃为天下正。

让人们因己之能，各负其责，各行其是，仅此而已。鸟都知道高飞以避箭矢之害，老鼠也知道在社坛下深挖洞穴以避烟熏和被挖掘的祸患，难道人还不如鸟兽吗？趋利避害是人的天性。

杨朱去拜访老子，问：有这么一类人（如孔子），敏捷强悍，洞明一切，学而不厌，诲人不倦。这样的人算是圣明之人吗？

老子：这样的人，在圣人眼里只不过像牢狱里的小看守，每日为雕虫小技所负累，整日间劳其筋骨，苦其心志，处

以水为鉴

心积虑。也如同虎豹因其美丽的毛皮反而招来猎手，猿猴因其卖弄灵巧而招致拘系。仅此而已，他怎能与圣人相提并论！

杨朱惶恐惊异，小心翼翼询问：小的斗胆敢问先生，圣明之人是怎样治理天下的？

老子：圣人之治天下，功盖天下却好像不属于自己，化育万民好像不知是谁的功劳，虽有大功德却不去沽名钓誉，让民众万物觉得都是自己所为所应得（功成、名遂、身退，天之道也）。而自己则立于阴阳不测的境地，游于虚无静默无何有之乡。圣人之用心就像一面镜子，物来则照，物去不留，不将不迎，与万物和谐相处而又互不伤害。**老庄孙子**：孔子一生招人忌恨，累累若丧家狗。

混沌之典故。

南海之帝名字叫儵，北海之帝名叫忽。**老庄孙子**：二帝合称为倏忽，也可称为疏忽。

中央之帝名曰混沌。**老庄孙子**：宇宙形成的源头，人之思想最高境界，太极，道之为一者。

倏和忽经常在混沌统领的中央之地会面，混沌待之甚善。倏与忽商量如何报答。倏说，常言道：人皆有七窍用来视听食息等，而混沌却没有。咱们试着给他凿开七窍。**老庄孙子**：开窍一词之出处。

于是二帝每天凿一窍，到第七天，七窍全开，混沌便死掉了。**老庄孙子**：善良美丽之花，结出了罪恶之果，可不悲夫？无为与有为，天壤之别！可不慎欤？从混沌之死可得养生焉。

二、大宗师

大宗师是庄子道的本体论，重点论述"道"，类似《老子》第一章，以及如何修道。此篇正面记述了孔子论道。名句：相濡以沫，不若相忘于江湖。道，有情有信，无为无形，可传而不可受，可得而不可见。自本自根，未有天地，自古以固存；神鬼神帝，生天生地。在太极之上而不为高，在六极之下而不为深，先天地生而不为久，长于上古而不为老。**老庄孙子**：六祖之自性。

有一天，子桑户（人名，孔子向他请教过，《论语》中有记载）死了，没有埋葬。孔子听说后，赶紧让子贡前往帮忙吊唁。子贡到现场，有一人在编唱挽歌，有一人在弹琴，二人一唱一和。歌词大意：桑户啊桑户！桑户啊桑户！你已返归本真，而我们却还是活着的人！**老庄孙子**：生者忧患，死则欢乐。

子贡大惑不解，前问：请问，临尸而歌，这礼貌吗？

二人相视而笑：你不懂什么是礼的真意，也不懂什么是死活。

子贡默然，落落寡合，只得回告孔子：这都是些什么人呀？没有修养、放浪形骸、临尸而歌、没有哀色、无法形容，这都是些什么人呀？

孔子：他们是方外之人，而孔丘我是方内（讲究礼义）之人。内外不相干，而我还要让你去吊唁，我真是个鄙陋肤浅之人啊！

他们正在与造物主为友，而遨游于天地元气（初始）之中。他们以活在世上为悬疣赘肉，以死为脓疮溃破。这样的人，已经泯灭了死生、先后之区别了！假借不同的事物，寄托于同一的本体。忘却肝胆，遗其耳目。死生轮回，不见端倪。茫然徘徊于世俗之外，逍遥自在地生活于自然无为的境界。

你又怎么能以烦乱世俗之礼，观察他们的本来面目呢？

子贡追问：那先生您将依从于哪一方呢？

孔子：我是个遭天谴的人。**老庄孙子**：天将降大任于斯人也？

尽管如此，我还是愿意与你共同探讨。

子贡：怎么讲？

孔子：鱼的生存在于水，人的生存在于道。在于水者，则以水而养（鱼），在于道者，则不要无事生非而使性情安定（更不能妄想）。所以说，鱼的最大快乐是相忘于江湖，而不是在车辙中相濡以沫；人的最大快乐是相忘于道术，而不是世俗中尔虞我诈。**老庄孙子**：道亦不着，佛亦不执。

子贡接着问：什么是奇人？

孔子：所谓奇异之人，是不同于常人而与天道相从的人。所以说，与天道相比的小人物则是世俗中的君子，反之亦然。**老庄孙子**：人中之小人那是真小人。孔子之礼与老庄之礼不同。孔子知道了，但还做不到。

颜回问孔子：孟孙才（人名，鲁国三桓之一族，孟僖子极为仰慕孔子，孟子祖先），他母亲死了，他哭泣没有眼泪，心中不忧伤，居丧而不悲痛。不具备这三点，竟然以善于办理丧事而闻名于鲁国，这不是有其名，无其实吗？我死活也闹不明白！**老庄孙子**：欺世盗名。

孔子：这个孟孙氏是尽了居丧之礼了，他比那些懂得丧礼的人强多了，一般人想简办丧事，因各种礼教的约束而做不到，孟孙氏基本上做到了。孟孙氏了悟了生死与先后。**老庄孙子**：孔子主张简丧！

生生死死，死死生生，化而不化，方化方不化，谁能说得清呢？

你和我都是在梦中还没有觉醒啊！人死只是形体的变化，而没有心智（灵魂）的损伤；只有尸体的毁灭，但无精神的死亡。**老庄孙子**：孔子知死，承认灵魂的存在。

孟孙氏是个觉悟的人。只不过碍于人情世故，所以别人哭他也哭，这就是他之所以这样做的缘由所在。人们相互称呼"这是我",怎么知道你说的"这是我"就是真你呢?而且人们经常做梦为鸟飞于天,为鱼而游于渊(庄子梦为蝴蝶)。谁知道现在说话的人是在梦里还是醒着?舒适也就舒适了,笑也就笑了,无须刻意安排而因任自然,这样也就进入了空寂自然纯一的境界了。**老庄孙子**:究竟。释迦牟尼之"顶天立地,唯我独尊"之我。佛教徒们说是"寂灭"。

有一天,颜回突然兴奋得嚷嚷:我有长进了!我有长进了!**老庄孙子**:孔子晚年事,70岁左右。

孔子惊诧:你在说什么呢?

颜回:我忘掉仁义了!

孔子:还行,但还不算究竟。

过了几天,颜回又嚷嚷:我有长进了!

孔子:怎么讲?

颜回:我忘掉礼乐了!

孔子:有进步,但还不算究竟。

过了一段时间,颜回又兴奋得手舞足蹈:这回我是真的进步了!

孔子:怎么讲?

颜回:我坐忘了。**老庄孙子**:忘了一切,无执、无待、究竟、涅槃、解脱,四大皆空!明心见性,得无上正等正觉。

孔子为之一惊:什么是坐忘?

颜回:遗忘肢体,废除聪明,超脱形象,去掉智巧,同于大道,这就是坐忘!**老庄孙子**:直追老子!

孔子非常高兴:大同了,就没有偏好,与物俱化则没有

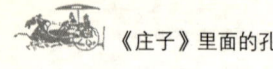

高山流水　知音难觅

常心。**老庄孙子**：圣人无常心，天地无常心。

你果真是圣贤之人了，孔丘我请求拜您为师永随其后！**老庄孙子**：呆若木鸡，斗鸡的最高境界。凤凰涅槃。智慧到彼岸。齐物，等是非。颜回比孔子悟得深透，可为大宗师！所以他的死孔子是最痛苦、受打击最大的：天丧予！天丧予！恸之极！失去了知音与传承。孔子在《论语》中最为赞赏表扬颜回的原因尽在《庄子》《列子》中。不究竟《庄子》则不能真知孙子，也不能真知颜回！

三、德充符

题意：德行充实美好符合大道，如孟子之充实之谓美、光大、浩然正气。文章主旨是庄子的德论。名句：有人之形、无人之情（性）。

第三章 《庄子》内篇中的孔子

鲁国有一位断足叫王骀的人，他的弟子之多超过了孔子。常季（孔子弟子）问孔子：王骀，一个断脚之人，他的弟子却与夫子您一样多。他不教学、不讨论。他的弟子空空而来，却满载而归。这难道就是人们常说的"不言之教，在无形之中达到心之契合"，真的有这样的人吗？**老庄孙子**：拈花，微笑。

孔子：这是位圣人，我心仪已久，一直想去求教于他。我将拜他为师。不！何止是鲁国，我将引导全天下的人拜他为师！

常季：这样一个拐子，却高出先生您一等，可想而知，他的水平该有多高。

孔子：死生是人生之大事，却不能影响他。即使天翻地覆，也奈何不了他一丝一毫。他已经到了无待（鲲鹏展翅还有待于风）的境界，世事万变而不离其宗。**老庄孙子**：得道之人。至人。

常季：这是怎么讲？

孔子：从事物不同的方面看，肝和胆就像楚国、越国那么远。从事物相同的角度看，万事万物都是一样的（齐物）。如果这样，则去除耳目之累，而使心神遨游于大道天德之和谐境地。一视同仁（以大道观之），天无不覆，地无不载，万物一同。以此看来王骀失去一只脚，就如同丢掉一块泥巴而已。

常季：他修炼自己，以他的智慧回光返照，内省其心，并以此进一步证得无分别之常心（明心见性）。但这也仅仅是他个人修为。为什么那么多人要聚集在他的周围呢？**老庄**

99

人生之逆旅

孙子：普度众生。

孔子：止水才能照人，流水不能照人，这是常理。只有自己稳如泰山（譬如北辰，止于至善）才能稳得住民众和大千世界。所有植物都生长于地上，只有松柏独得大地之正气才四季常青。**老庄孙子**：岁寒然后知松柏之后凋也。

所有人之本性都受之于天，只有尧、舜独得天道，从而成为万物（人类）之首领。己正才能正人。**老庄孙子**：格物、诚心、正己、修身、齐家、治国、平天下。主要还是说的正己。何以格物？是大问题！

保有最纯朴的性情，内心充实光大，无所畏惧，勇敢无敌。**老庄孙子**：虚实至长。

这就像一名将领为求功名严于律己，能做到自正正人，更何况是主宰天地、包藏万物，以六骸为暂寄之寓、以耳目为幻象、以能知之智关照已知之境，形如槁木、心如死灰（修

天地之正气

行最高境界）这样的得道之人呢？

王骀不久就会白日飞升，羽化成仙，人们更会拼命追随他。他也更不会以外物而累心累身。**老庄孙子**：黄帝御女三千，白日升天、仙及鸡犬。

鲁国有一位没有脚趾名叫叔山无趾的人，用脚后跟走路长途跋涉去拜见孔子。**老庄孙子**：孔子中年时事，40岁左右，第一次拜见老子问礼之后。

孔子说：你以前因为不谨慎而患此祸。今天想要补救，还来得及吗？

叔山无趾：我正是因为不识时务才遭此祸患。我今天来，是为了比脚更珍贵的东西，求之用以保全自己。常言：天无不覆，地无不载。我以夫子为天地，真没想到，夫子您是这样一种人！

孔子非常不好意思，赶紧赔礼道歉：我孔丘真是个鄙陋之人！先生莫怪，快请进，愿有教于我。**老庄孙子**：孔子也曾以貌以言取人。

无趾没进屋便走了。孔子索然无味，黯然神伤，告诫弟子们：你们要努力呀！叔山无趾一个受了刑的人，还努力学习修行用以补救先前的过错，更何况我们这些健全的人呢？

叔山无趾走后跋山涉水去拜见了老子，诘问：孔子还没有达到至人的境界呀！他也配向您请教？他企图以奇异怪诞而名闻天下，岂不知，这恰恰是至人以为桎梏者！

老子：为什么不让他看破死生、泯灭是非，从而破除他的枷锁、智障？这样不是更好吗？

无趾：这是上天对他的惩罚，是不可破解的！**老庄孙子**：天谴。

有一次，鲁哀公有疑惑问于孔子（孔子68岁以后）：卫国有一位长得奇丑无比的人，名叫哀骀它。男士与其相处，留恋不返；女子见到他，请求父母，宁愿为其妾，也不为人妻，这样的女子以数十计。

从未见他倡导过什么，总是附和而已。他没有君主的位置与权力能救人于死亡；没有爵位俸禄能让人食以果腹；其貌不扬、智慧有限、应和附庸，却不论男女都愿聚于他的门下。他肯定有奇异之处。

于是乎，我召见了他，一看果然丑得吓人。勉强与他相处，还不到一个月，我就对他有了好感。不到一年，我就非常信任他。当时，国家没有宰相，我便把国事委托于他，他淡漠地应承下来，漫不经心有推辞之意。**老庄孙子**：孔子流亡期间。《列子》中周穆王之西域化人。

我更觉自愧不如,最终又将国家送给了他。没过多久,他弃我而去。我伤心痛苦,若有所失,好像这世界上再没给我带来快乐的人啦!他到底是个什么样的人呢?**老庄孙子**:刘老根……一笑。

孔子:我曾经出使楚国,在途中恰巧碰见一群小猪在吸吮刚刚死去的母猪的奶,不一会儿小猪们惊慌逃窜。为何?这是因为,一方面母猪看不到自己的孩子(因死),另一方面小猪感觉不到像母亲。小猪之所以爱其母,并不仅仅取决于外形,更重要的是使之成形(猪)的那个东西。

战败而死的人,埋葬他们已无遐顾及棺材;没有脚的人,不会再爱惜鞋子,这是因为他们失去了所爱之本。为天子使唤的宫女,不能剪指甲(清宫最甚),不能扎耳朵眼,要有自然之美。已成家室的,宫里就不能再用。仅仅为了这些形象的东西,都已这样讲究,更何况是道德完美之人呢?

无钩之钓　乐饵均无

哀骀它，不言而诚信，没有功劳却让人亲近，把国家让给他，还唯恐不接受，他肯定是位德才兼备、道德完美而不外露之人。**老庄孙子**：形莫若就，心莫若和。

哀公问：何谓才全？

孔子：死生、存亡、穷达、贫富、贤与不肖、毁誉、饥渴、寒暑，这些都是事物的变化、人的命运，都是相对的。

日月更替，人的智力不能窥其初始，所以不能让这些不能把握的东西扰乱人的本性和心灵。须使内心和谐愉悦，与时俱化，与万物并生，像春天一样时刻保持着一种生机。这就是才全。**老庄孙子**：绝非断灭、寂灭！空是不寐，虚以待物。

哀公又问：何谓德不形？

孔子：比如水，完全静止了才到了平整的极致，可以为水准，像大海一样深沉而不荡溢。德行，就是达到纯和的修养。使万物须臾不离，又无自己的形迹，这就是德不形。**老庄孙子**：普度众生又无四相。应无所住而生其心。德荡乎名。

过了几天，哀公将上述情形告诉了闵子骞（孔子弟子）：起初，我以一国之君的王位而君临天下，把握治国纲纪，掌握民众的生死，我自以为够通晓道理，够伟大的了。可现在，我聆听了至人之言，真以我的有其名而无其实为羞耻，轻率地耗费自己的精力而险些导致国家的灭亡。

至于我和孔丘的关系，不是君臣关系，而是以德相交的挚友。**老庄孙子**：鲁定公遗言请孔子回鲁。哀公不用孔子一个重要原因源于此故事。孔子一生不见用，差哀骀它甚远！

四、人间世

本篇主旨论人间处世。主张不争名，不害人，包容，安时处顺，随遇而安，不卑不亢，韬光养晦。从孔子口中批评好名、好德、好智巧的弊端。典故：心斋。名言：德荡乎名，智出乎争。灾人者，人必反灾之。虚而待物。形莫若就，心莫若和。虽然，之二者有患，就不欲入，和不欲出。周而不比，和而不同。等等。

颜回拜见孔子，准备辞行。**老庄孙子**：公元前482年前后，孔子70岁，卫出公辄、蒯聩争位之时。

孔子问：你要去哪里？

颜回：我要去卫国。

孔子：干什么去？

颜回：我听说卫君身体剽悍，刚愎自用，穷兵黩武，生灵涂炭，不管民众死活，也从不反省自己的过错，人民已忍无可忍。我常听夫子您教诲："太平的国家可以离开，混乱的国家可以前往救治，这好比良医门前总是有许多病人一样。"我愿以先生的教诲去思考救国之策，或许能将卫国治理好。**老庄孙子**：孔子也说过危邦不入，乱邦不居。

孔子：唉！你这是去送死啊！大道不能繁杂（治大国若烹小鲜），杂了就多，多了就乱，乱了就忧愁焦虑，乱又无可奈何，也就没救了！**老庄孙子**：已是百家争鸣，颜回去了更是添乱。

古时候的圣人，先修炼好自己，然后才能推己及人。自己都没搞明白，还没站稳脚跟，怎么能去纠正暴君的行为呢？

况且你懂不懂世风日下，德行日衰，智巧横行的原因呢？我告诉你吧！德行衰落是人们过于求取虚名，世间的争斗诡诈使得智巧横行。**老庄孙子**：从而泯灭了大智慧。德荡乎名，智出乎争。

人们相互倾轧，就是为了这个名。智巧变成了人们争斗的工具。这两者都不能尽行于世。

况且，德行淳厚，诚信确实，也不一定就能与人很好地沟通。你虽然不争名不夺利，但却不一定能与人情投意和。

你硬要到人家面前宣传、表白"仁义礼智"等，不但人家不相信，反而认为你是用所谓的美德去衬托人家的过失与罪恶，这就是常说的"灾人"。人家以为你有害人之心，当然会反过来害你，更何况在暴君面前，我看你是死定了！

况且，假如卫君是个求贤若渴、惩恶扬善的人，还用得着你去吗？如果你不招自荐，主动上门，卫君必定会乘机与你斗嘴雄辩，而且用他的气势压住你（他有王权），大施淫威，你自会应接不暇、漏洞百出、自救不及，最后只有喏喏而已。这无异于以火救火，以水救水，纯属多此一举。其结果，你顺从他吧，他更会没完没了，等于你助纣为虐，这你肯定是不心甘情愿；不顺着他吧，他会更加不相信你，你还是必死无疑！

从前，夏桀杀死关龙逢，纣王杀死王子比干。两人素来以有修养和爱民而著名，动不动就顶撞上司，提意见，就他是正义的化身，以此树立自己的名声，而他们的上司就正好抓住了其好名之心而成全了他们（杀）。这就是好名者的下场！**老庄孙子**：孔子中年和晚年思想极不同！杀身成仁。以其人之道还治其人之身。

从前，唐尧攻打丛、枝、胥敖三个不服管教的小国，大禹攻打有扈部落，致使这些国家、部落变为废墟，民众变成厉鬼，国君（酋长）遭受杀戮。他们征战不已，拓疆扩土，都是为名利而已！以此观之，这些圣贤们，都不能摆脱名利的羁绊，又何况你颜回呢？尽管如此，你可能还有你的理由，那就不妨再说说看。**老庄孙子**：尧舜禹，那是孔子极其崇敬的人。

颜回：我端正认真，虚心实意，勤勉而又一心一意，这样总行了吧？**老庄孙子**：端而虚，勉而一。

孔子：不行！这样绝对不行！卫国国君骄横、盛气凌人、狂妄、变化无常，一般没人敢与之作对。常以高压政策打击他们的对手，使之顺从。顺我者昌，逆我者亡。对付这种人，你用小恩小惠小德是不能打动他的，更不用说用大德大谏死谏！不但不管用，他反而会更加固执己见，顽固不化。即使是表面应付你，内心也会极为反感，不会有丝毫反省。你用这种办法是根本不行的！

颜回：不行的话，我就外圆内方，引经据典，借古讽今。内方，就是内心耿直，与天道合一，与天为一，大家都是天之子，又何必在意我的意见被人说好还是不好呢？

外圆，就是外表顺从，与人情世故一致，入乡随俗。鞠

107

躬作揖，跪拜行礼，这都是作臣子的礼节，大家都这样，我又怎么能另类呢？随大流，就少非议，这就是合于世俗，与人为徒。

以古讽今，所说虽有教导之意，但这些诤言是有实际依据、古已有之的，非我所捏造。这样的话，虽然率直却不会出问题。先生，这样可以吗？

孔子：不可以，绝对不可以！你这种做法大而不当，虽然固陋，但不至于死罪，仅此而已，是不可能感化卫君这类人的。你是太过于看重自己的成见啦！**老庄孙子**：师心自用，自以为是，先入为主等等。仁义救不了乱世，更何况暴君暴政。

至此，颜回已无奈何：现在，我是真的没办法了，请夫子指教。

孔子：你先斋戒，我再告诉你。你带着成心去见卫君，不是那么容易的。如果很容易，那就不合天道了！**老庄孙子：孔子与卫国有太多的纠结！**

颜回：我家贫穷，没酒没肉已数月之多，这样可算是斋戒吗？

孔子：你这是为了祭祀斋戒，不是心斋。

颜回不解：老师，何谓心斋？

孔子：你先要做到一心一意，心无杂念，不是用耳朵听取外声而是用心去体悟，不仅要悟，悟后还要有气化（踵息等）感应。耳的功能是听，心的功能是思考如何与大道相符，气的功用则在于虚灵不昧、以容万物（虚怀若谷，虚心，端而虚的本意）。只有大道才能集聚精气神（炼精还气，炼气还神，炼神还虚），虚静、虚空、虚无、虚旷等等，才称得上是心斋。**老庄孙子**：虚室生白。心无妄念，虚极，静笃。孔子晚年已走上老子的道路。

颜回有点开悟：我在没有您的引导之前，能切实感觉到自己的存在。听老师您这么一讲，我都不知道我是谁（忘我、坐忘）了。这算得上虚静吗？

孔子高兴地说：可以了，相当可以了！我告诉你：你身虽在樊篱（春秋乱世），但却不被樊篱（名利等身外之物）所困，投机了就说两句，不投机就闭嘴。保全自己，不受其害（善

八风吹不动　一屁过江来

建者不拔，塞其兑、闭其门等），一以贯之（天得一以清，地得一以宁，侯王得之以天下正），不得已而为之，这样就差不多了。人不走路容易，但走路不留下痕迹难。**老庄孙子**：无为易，无不为难，善行无辙迹。

人为去作容易伪，顺其自然则无悔。你听说过有翅膀飞行的，却没听过无翅膀飞行的；听说过用已有的知识求解未知的领域，却未听说以无知去认识事物的。

看到那虚灵不昧的心性就可以知道什么是虚怀若谷、洞明物事，什么是止于至善。**老庄孙子**：吉祥止止，吉祥来源于宁静而淡泊的心境。

如若心猿意马、神思飞扬，那就叫身体虽然不动，而心思却在驰奔不羁，是谓坐驰、心驰。**老庄孙子**：不是风动，亦不是幡动，是仁者的心动。降龙伏虎指意念。所以孟子的动心忍性还是偏了！

若能回光返照，每日三省。**老庄孙子**：包括老子之三宝，孔子之三省；佛祖之戒贪、嗔、痴；《中庸》的中、和、致中和；《大学》中的明明德、亲民、止于至善；《庄子》之为善无近名、为恶无近刑、缘督以为经；《孟子》之鱼、熊掌及兼得等等。

而心无旁骛，鬼神都会帮助你。**老庄孙子**：《论语》中是子不语怪力乱神。

何况人呢？这是化育万物的宝典，也是禹舜修身治国平天下的关键，伏羲等三皇须臾不可离的，又何况我们这些一般世俗之人呢？**老庄孙子**：孔子彻底悟道了。"朝闻道、夕死可也",所以孔子很快就死了,可惜没有得到传承。

楚大夫叶成子高(孔子好朋友,叶公好龙者)要出使齐国,前往拜见孔子:楚王交给我的使命重大。齐王接待使者,总是表面谦恭而心地怠慢。不用说齐王,就是一般的平民百姓,你有求于他,他不拿你当回事,你也无可奈何,何况诸侯呢?

您经常告诫我:无论事大事小,都要以道经营才能成功,才能皆大欢喜。事若不成,则必有人患,事若有成,必然会有阴阳(自然灾害、身体病痛,总之动必有咎)之患。无论成与不成都无患的,只有得道有德之人才能做到。

没有接受使命之前,吃饭不求精细,烧火做饭不求清凉,吃得饱、睡得好,活得很自然正常,可是现在我接受使命之后,就是喝冰水,心里仍觉烦躁焦渴。

我还没有出使,事情还没有结果,就有了这阴阳之患,事若不成,恐怕灾难会更大。我实在不知道该怎么办,请先生赐教。**老庄孙子**:真不愧外交使节!

孔子:人生最重要的有两条:一是命,二是义(不谈仁,义者宜也,非孟子之义)。儿女爱父母,这是天性,是命,无须解释,是公理(天理、本来如此);下级服从上级(臣子侍奉君王),是要讲究义(以道事君,不道则止),不论何时何地,上级就是上级,君就是君,下级就是下级,臣就是臣,是铁定的(各适其责)。这就是人生在世最重要的两个方面。**老庄孙子**:孔子的君臣父子!亲情与国情。

所以,子女孝顺侍奉父母,不论何时何地,都必须极尽孝敬侍奉之能事,使父母无处不安、无时不适,这就是至孝。

老庄孙子：像虞舜，以孝（得）治天下。

侍奉服从上级、君王，不论任何事情，任何时候，都能让上级和君王放心，这就是大忠。**老庄孙子**：内心中正，忠心耿耿，办事妥当。

自我修身养性，要做到喜怒哀乐不动于心，知道事情艰难万险无可奈何而安之若素，这是德行的最高境界。**老庄孙子**：玄德。喜怒哀乐之未发，是谓中，发而皆中节之谓和，中也者，天下之大本，和也者，天下之达道。致中和，天地位焉，四时行焉，万物育焉。

为下属、为人臣，总有不得已的时候。然而一旦投入进去而达到忘我的地步，就会无暇顾及生死。到了这种境界，你就可以上路了（出使齐国）。

既然你这么的心诚，孔丘我再给你讲几句：与近邻的国家（人事）打交道要靠诚信；与遥远的国家交往要靠确实的语言。**老庄孙子**：孔子在64岁时，曾对叶公说"近者悦，远者来"的外交策略。

用语言就必须有传达语言的使者。在这里，传达双方都高兴或都愤怒的语言是最难的。传达双方都高兴的，必然会用更多的溢美之词；传达愤怒的，必然会用更多的贬毁之词。溢美之词有妄言之嫌。妄言，双方都不会太相信，要大打折扣，如果双方国君都不相信了，那么传话的人就会遭殃。

所以，古人云："要实事求是、客观地转达，不要添枝加叶、妄加臆断，这样才能保全自己。"**老庄孙子**：实事求是，远在3000年前就有！

第三章 《庄子》内篇中的孔子

况且，以智巧角逐者，开始是明争，后来就是暗斗，到最后各种阴谋诡计则无所不用其极。以礼饮酒者，开始还算礼貌规矩，后来就胡念八说，到最后则淫乱不像话了。

凡事莫过如此，开始彼此谅解客气，到后来则相互鄙疑不屑一顾；做事往往开始简单，到后来则越来越难。**老庄孙子**：很少有人能慎终如始、善始善终，老子之"为难于其易，为大于其细"，庶几可也。

语言就像风波，行为是动必有咎。风波容易兴风作浪，行为不当容易产生危难。所以，愤怒的原因大都因为言语不当、巧言令色。困兽临死，也会激怒，以至于对人产生嗔恨怨怼之心（做鬼也不放过你）。逼迫、苛责太过，人也必会产生恶念从而做出让人不可理喻的事来（狗急跳墙，和大怨必有余怨）。这些，连当事人都不明其由，谁还能知道会出现什么样的后果呢？

所以，古人云"不要朝令夕改，不要过于强求，过犹不及"。不然会酿成大祸的！好事需要多磨，大器晚成，等到大祸降临，就来不及改正了，你要慎之又慎啊！参赞天地之化育，游心于方物之外，凡事不得已而为之，修身养性，允执厥中，这是人生的最高境界。不要图什么回报。**老庄孙子**：报怨以德都不行，还是有所执，更何况以直报怨。孔子到了大乘、究竟的境界。

如实传达君命而已，这又有什么为难的？

有一年（公元前487年，孔子65岁），孔子游学到了楚国。楚国的狂人隐士陆接舆路过孔子住处，吟唱道：凤

113

《庄子》里面的孔子

凰啊凤凰!这世风日下,道德沦丧!来世不可期待,往事不可追悔。天下有道,圣人可成就一番事业;天下无道,则期待着圣人出现。当今之世,能勉于刑戮就不错了!幸福轻于鸿毛,不知所载;祸患重于大地,无可避免。算了吧!算了吧!以仁德去教诲君王,危险,太危险了!争名夺利,画地为牢!世事昏乱,不要玷污了我的德行;荆棘丛生,不要伤了我的身怀。**老庄孙子:《论语》中有记载但无此全。李白诗:我本楚狂人,凤歌笑孔丘。手持绿玉杖,朝别黄鹤楼。五岳寻仙不辞远,一生好入名山游……过去心不可得,现在心不可得,未来心不可得。**

五、养生主

文章主旨:探讨人的养生问题。养生的关键:缘督以为经,依乎天理,因其必然。养形更注

仁者寿

重养神。经典故事：庖丁解牛。名句：为善无近名，为恶无近刑，缘督以为经（可称为庄子三宝），游刃有余等。此篇未直接涉及儒家及孔子。**老庄孙子**：养生修炼是儒家的大缺憾，生命都不在了，何谈精神，皮之不存、毛将焉附？庄子无语！老庄孙子亦无语。

六、齐物论

本章主旨：齐万物、等是非、同生死，是庄子极重要的哲学思想。普遍意义上的相对，绝对意义上的齐一。批判孔子、儒墨是非之争及主观上的"成心"。通过"以明"的认识方法去除成见，开放心灵，达到"万物与我为一，天地与我并生"。**老庄孙子**：释氏之顶于立地，唯我独尊，无分别心；孟子吾善养吾浩然正气。明心才能见性。

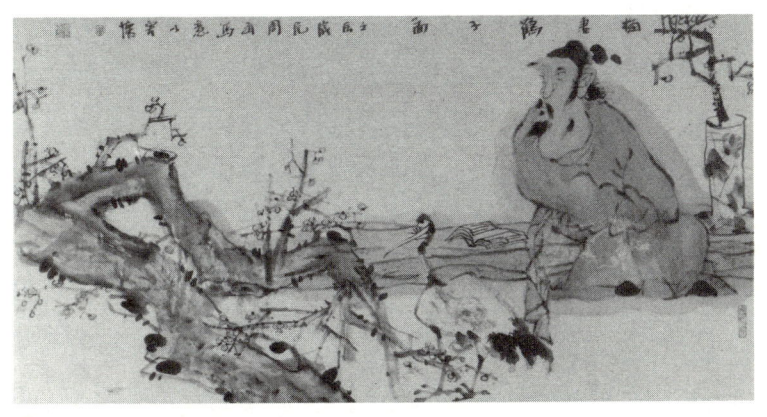

与天地并生　与万物为一

《庄子》里面的孔子

典故：朝三暮四，庄周梦蝶等。名句：天籁、地籁、人籁，天府，天地一指，万物一马，钩心斗角，一受其成形不亡以待尽，天下知秋毫之末而泰山为小等。

由于大道的深奥玄妙，致使一些小道（诸子百家）粉饰登场，纷繁混乱、哗众取宠、妖言惑众、巧言令色、致使真理实言被遮蔽埋没。所以才有儒墨等是非之争，你说是，我要说非；你认为不是，我则认为是。都以一己之言而否定别人的是，争来争去，没完没了，混淆视听。与其如此是来非去，真不如各自反省（回光返照，明心见性），以一种智慧、虚静、淡泊、洞明以及大慈大悲的胸怀去观照万物（普度众生）。无待（执）有中以为枢，如珠落盘，以应万方，圆融无碍。**老庄孙子**：哲学的彻底是不停地反省、思考。天才是顿悟。

庄子此篇中也称孔子为圣人：《春秋》（孔子编修）是记载先王经世济物的书，圣人议而不辩。**老庄孙子**：敏以好古，述而不作。

王倪教训啮、缺（二者均是尧时的贤人）：推行仁义，探讨是非，这是天下混乱的开端。

瞿鹊子问长梧子（二人为春秋末战国初期贤人）：我听孔夫子说"圣人不从事具体事务（四体不勤、五谷不分，老子曰：君子不器），不争名夺利，不趋利避害，不喜妄求，不刻意求道，说与不说都无所谓。**老庄孙子**：说了等于没说，释氏传经布道49年却一言未发；没说就等于说了，不言之教，拈花微笑。逍遥遨游于尘垢世俗之外"。这些言论，有人以为是孟浪轻率之言,而我却认为这是可行的绝妙之道。你意下如何?

长梧子:这些话,就是黄帝听了也会迷惑,何况他人呢?你也太性急了,看见了鸡蛋就想让它打鸣,看见了弹丸就认为马上能吃上烤天鹅肉!真是妄想。

为何不依傍着日月,怀簇着宇宙,与它们浑然一体,泯灭一切是非、曲直、贵贱?众人劳碌熙攘,圣人纯洁素朴,虽参赞天地之化育,却依然抱一为天下正。万物莫不如此,蕴藏的都是这个道理。我怎么能知道,贪生就不是迷惑呢?又怎么知道怕死不是回归故里(视死如归)呢?

就像丽姬(美女,一边疆小吏之女)的故事,她刚被晋国房获时,痛哭流涕,悲伤不止;等到进了晋王的宫殿,受到宠幸,尽享荣华富贵时,却悔当初之涕泣沾襟。

我又怎么能知道死去的人不后悔当初不该贪生呢?做

浮生若梦

梦饮酒者，第二天会哭泣。做梦哭泣的，次日却驰骋田猎心喜发狂。当其在梦中，不知是梦，梦中还有梦。在梦中解梦，醒后才知是梦。只有大觉悟之人才知道人生本就是一场大梦（人生如梦，一樽还酹江月）。而绝大多数人却仍在梦中还自以为清醒之极！君也好，臣也好，民也好，都太浅薄鄙陋了！

孔丘和你都是梦中人，我说你梦，又岂知我不是在梦中呢？这些话语，可称之为奇谈怪论，也许万世之后才能知遇一至圣大贤或可破解此道。即便如此，在时间的长河里，这万世也只不过是朝暮间尔。**老庄孙子**：孔子之逝者如斯、朝闻夕死，庄子之白驹过隙、倏忽而已！司马迁著《史记》藏之于名山，以求知己；张良将《素书》带进棺木；《道德经》之于马王堆；《论语》之出于孔壁均如此。千古知音最难觅！

七、逍遥游

本章是《庄子》开篇之作。题意：以闲放不拘、自由自在、怡适自得、率真纯朴的境界遨游于自然和人类大千世界。崇尚自由，因循自然。摒弃功名、利禄、权势，从而达到无己（忘我）、无功、无名，与自然大道为一、化生万物的境地。典故：鲲鹏展翅九万里，列子御风等。名句：举世誉之而不加劝、举世非之而不加沮，越俎代庖，尘垢秕糠犹能陶铸尧舜等。借许由之口批判名家。**老庄孙子**：孔子之为政，必也先正名，名不正则言不顺……

尧找到许由想让位天下给他：太阳和月亮都出来了，就用不着火把、蜡烛；风调雨顺，好雨时至，再人为去浇灌，只能徒劳无益。先生您的出现，天下自然安定，而我却在这尸位素餐，自不量力，请先生笑纳天下。**老庄孙子**：尧承认自己的人为。

许由：你治理天下，天下已治理的不错。还让我代替你，我是为了名吗？名只是实的表象；我是为了浪得虚名，做表面文章吗？小鸟在深林中筑巢，占用的不过是树的一枝；偃鼠在河边饮水，所需不过满腹。所以，我要这个天下干什么呢？您快回去吧。这就好比厨师不下厨房，尸祝（主祭祀之官）不能代劳——不能越俎代庖的道理是一样的。**老庄孙子**：就是许由此处的观点也遭到庄子批判！也是尧确实禅让的明证！

有待

好雨知时节，当春乃发生。随风潜入夜，润物细无声。

揭谛、揭谛，般若揭谛，般若僧揭谛，菩提莎婆诃。

余立于宇宙之中，冬日衣皮毛，夏日衣葛绤。日出而作，日落而息。春耕种，形足以劳动；秋收敛，身足以休食。逍遥于天地之间而心意自得，吾何以天下为哉！

知我者谓我心忧，不知我者谓我何求？我歌且谣，人谓我骄也罔极，必也狂狷，独顽且鄙！

有心者再从后往前看一遍，特别是《内篇》，或许得意更多。孔子之皈一，庄子之大德：逍遥、齐物、养生、人间世、德充符、大宗师、应帝王……